現役公認会計士が教える！

決算書のチェックポイント

公認会計士
大原達朗【著】

税務経理協会

はじめに

　近年，企業会計の解説書，決算書の見方などの本がたくさん発行されています。一昔前は会計の本が一般のビジネスマンに広く読まれることはなかったように思います。それが，会計ビッグバンを境に一気に会計への関心が高まり，会計に関する本がたくさん読まれるようになりました。

　そして，その会計への関心は公認会計士，監査法人への不信感へとつながっていきました。公認会計士，監査法人が「適正である」と監査意見を出した会社が，その直後にもろくも倒産する。「公認会計士，監査法人」はいったい何をやっているんだ。そんな怒りの声が新聞紙上等を賑わすことになったのです。

　ほとんどの公認会計士，監査法人がいい加減に監査をやっていたわけではありません。むしろ，割合としては多くの公認会計士，監査法人が必死になって監査をやっています。たしかに，一部のいい加減な公認会計士，監査法人がいい加減な監査をした事実はあるかもしれません。しかし，多くの公認会計士，監査法人はまじめにきちんと監査をやっているのです。これが世間に広く知れ渡らないのは，公認会計士，監査法人がその業務を世間にアピールしていないことも原因のひとつだと思います。

　公認会計士，監査法人がその業務を世間にきちんとした形でアピールすれば，世間の理解も深まるでしょうし，公認会計士，監査法人が監査に入る前に会社の経理部のような決算書を作成するサイドでも，事前チェック，もしくは自己チェックができるのではないかと従来から考えていました。

　そこで，本書では決算書のチェックポイントを具体的な設例を用いて簡単に説明をするとともに，必要に応じて通常の管理業務の概要についての説明を加えることにしました。これにより，公認会計士，監査法人の業務の概要を読者の皆さんにご理解いただき，皆さんの会社においてきちんとした決算書の

チェックができることに，少しでもお役にたてればと思います。

平成16年9月

公認会計士　大原　達朗

◇目　　次◇

はじめに

序章　決算書チェックのアプローチ ……………………… 1
❖なぜ決算書のチェックが必要か？ ……………………………… 2
❖本書における決算書チェックポイント解説の範囲について ……… 3
❖決算書のチェックポイント ……………………………………… 4
❖本書における決算書チェックのアプローチについて …………… 5

第1章　貸借対照表（資産項目） ………………………… 7
　1　現金・預金残高 ………………………………………… 8
　2　売上債権残高 ………………………………………… 17
　3　棚卸資産残高 ………………………………………… 32
　4　固定資産残高 ………………………………………… 46
　5　投資有価証券残高 …………………………………… 57
　6　繰延税金資産残高 …………………………………… 65
　7　その他の資産残高 …………………………………… 94

第2章　貸借対照表（負債・資本項目） ………………… 99
　1　仕入債務残高 ………………………………………… 100
　2　借入金残高 …………………………………………… 116
　3　引当金残高 …………………………………………… 120
　4　未払法人税等残高 …………………………………… 124
　5　その他の負債残高 …………………………………… 142

| | 6 | 資本勘定残高 …………………………………………… 146 |

第3章　損益計算書 ……………………………………………… 153
	1	損益計算書のチェックをするに当たって ……………… 154
	2	売上高，売上原価，売上総利益 ………………………… 157
	3	販売費及び一般管理費 …………………………………… 175
	4	営業外損益及び特別損益 ………………………………… 184

第4章　キャッシュ・フロー計算書 ……………………………… 191

チェックポイントリスト ………………………………………… 197

決算書チェックのアプローチ

　どうして決算書をきちんと作成しなければならないのか，また，本書における決算書のアプローチについて簡単に説明していくことから始めましょう。
　本書ではバランスシートアプローチを採用します。
　バランスシートアプローチとはどのような方法のことをいうのでしょうか。まずは，ウォーミングアップとして，このあたりから始めていきましょう。

☑ なぜ決算書のチェックが必要か？

経営者の方には，決算書の数値なんて経理部長にちょっと指示すればいくらでも好きな数値を作れるんだ，とお思いの向きもあるかもしれません。これは，ある意味正しいのが現実です。しかし，そんな数値を作って何になるのでしょうか？ 銀行から融資を引き出すためですか？ お得意先にいい顔をするためでしょうか？ 色々な理由はあると思いますが，原則として決算書は正しく実態を示しているものである必要があります。なぜでしょうか？ たとえば，営業がものすごい頑張りを見せ，創業以来最高の売上を記録したとしましょう。しかし，きちんとした実態を示す決算書を作成していないと，もしかすると次のようなことが起こっていても経営者がその事実をつかめないまま最悪の状況を迎えてしまう可能性だってあるのです。

● 売上高は過去最高であったが，過剰な割引，販促費の投入の事実があり，実は売上高が増えれば増えるほど赤字を垂れ流していた。

● たしかに売上自体は伸びているものの，業績が悪化している得意先に大量販売をしており，売上債権のほとんど回収ができそうもなかった。

たとえば，月次決算をきちんとした形でチェックし，適正な決算書ができていれば1つ目のようなことは粗利（売上総利益）の悪化という形ですぐに分かります。2つ目のような事実も売上債権の大幅増加，売上債権回転期間の大幅な悪化という目にしっかりと見える形で表れてきます。これが，いつでも数字なんていじれるんだ，というスタンスの経営者のもとでのドンブリ勘定では分からないのです。

こう考えると，やはり正確な決算書を作るのは重要だと思いませんか？ もちろん，正確な決算書ができていれば，それでよし，というわけではありません。しかし，正確な会社の実態をきちんと把握するという姿勢が，経営者の意思決定の基礎であることは疑いようがありません。正確な決算書なしに，正しい意

思決定などできようはずはありません。それだけに正確な決算書の作成が必要になってくるわけです。

本書における決算書チェックポイント解説の範囲について

　はじめに申し上げておきますと，本書において解説している決算書のチェックポイントは，「通常実施すべき監査手続」，いわゆる監査法人等が実施する会計監査の監査手法ではありません。誤解を恐れずにいえば，会計監査のほんの一部の紹介にすぎません。

　また基本的に本書では，経理担当部員などが作成した決算書を経理部長などのレビュー担当者がチェックすることを前提に解説をしてあります。しかし，本書における解説は決算書を実際に作成する担当者のみならず，社長，経理担当役員，監査役，管理担当部門管理職，公開準備会社の管理部門担当者，内部監査担当者，公認会計士・税理士，会計士補，会計事務所の職員の皆様，また監査ってどんなことをやっているんだろうと疑問をお持ちの皆様のご参考にもなると思います。

　一方で，本書においては特に税金関連の項目については，かなり専門的，テクニカルな部分を多々含んでいますので，必ずしもそのすべて理解する必要ないと思います。分かりづらいところは流し読みしていただき，実際に決算書をチェックする際に，再度該当箇所を参照する，という方法でご利用いただければ全く問題ありません。

　すでに述べましたように本書は，会計監査のほんの一部の紹介にすぎませんので，決算書のチェックに必要とされるすべてのポイントを網羅しているものではありません。しかし，重要なポイントについてはできる限り紙面を割いたつもりです。

　また，最近，新聞等で取り上げられることの多い，繰延税金資産，そして，公認会計士であってもチェックの手薄になりがちな法人税，住民税及び事業税，

等のチェックポイントについては特に詳しく解説をしてあります。

☑ 決算書のチェックポイント

　一言で決算書をチェックするといっても，会社によって様々な事象があることから，本書ではそのうちのほんの一部しか取り扱えません。しかし，決算書をチェックするうえでのポイントは大きく2つに分類される，といってよいと思います。その2つとは，

> (1) 分析を中心とした，上から全体を見下ろすようなチェック
> (2) 証拠資料を1つ1つチェックするような積上げ的なチェック

です。本書では短期間で決算書が大きく間違っていないことを確かめることを中心に解説をしていきますので，(1)が中心的な手続になります。ただし，項目によっては(2)を採用したほうが効率的な場合もあります。その場合には本書においても(2)の説明をすることもあります。ここで大切なのは，自分でよく考えることです。本書を一読した後，実際に決算書をチェックするに当たってはこれらも含めて自分の頭でよく考えるようにしてください。これが一番，重要なことです。本書に記載した内容はあくまで一般論の一部にすぎません。

　本書で解説した決算書のチェックポイントの考え方を自分の頭でよく考え，自分なりにアレンジを加えていくことで，本書に記載されていない様々なケースにも十分，応用が効くと思います。なかなか難しいですが，本書をお読みになる際には，どうしてこのような手続をするのか，自分ならこういう風にチェックするのにな，というようなことを考えながらお読みいただくことをお勧めいたします。

序章　決算書チェックのアプローチ

☑ 本書における決算書チェックのアプローチについて
Check!

　それでは，具体的な決算書チェックのアプローチの仕方について説明していきます。本書では，決算書を大局的な観点からできる限り短時間でチェックする際のポイントを説明していきます。このように短期間で決算書のチェックをするという観点からは，バランスシート（貸借対照表）アプローチが有効です。バランスシートアプローチとは，まず貸借対照表の残高を固めてから（きちんとチェックしてから），損益計算書等のチェックに入る方法で，貸借対照表のチェックをメインにします。本書でこのようなアプローチをとる理由は以下のとおりです。

　まず，貸借対照表はストックの情報であるのに対し，損益計算書はフローの情報であるということはご存知でしょうか？　貸借対照表は期末の残高を表示するものであるのに対し，損益計算書は１年間（あるいは半年間，月次損益計算書であれば１ヶ月間）の取引をすべて集計したものです。このため，貸借対照表をチェックするには期末時点という１時点のステータスをチェックすれば足りるのに対し，損益計算書は１年間の取引をチェックしなければなりません。このようにチェックする対象となる項目が貸借対照表のほうが圧倒的に少ないのです。

　そして貸借対照表をきちんとチェックすることにより，利益が確定します。下の図をご覧ください。貸借対照表の資産と負債の差額として資本が算定され，その内訳として利益があります。逆にいえば，資産と負債，そして資本のうち利益以外の金額が分かれば，利益を差額で算定することができますね。

　損益計算書で一番大切なのは最終利益ですから，貸借対照表をきちんとチェックし，利益を確定すれば，損益計算書については分析を中心としたチェックをすることで足りるでしょう，という手法をバランスシートアプローチといいます。

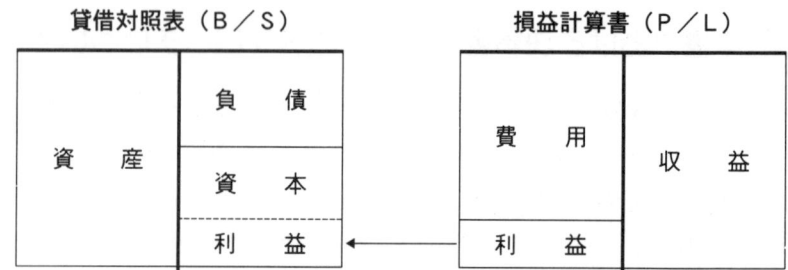

　本書では，バランスシートアプローチにしたがい貸借対照表の数値をできるだけきちんとチェックし，その後損益計算書については分析を中心とした手続を中心に解説していきます。

　また，最後に補足的ではありますが，簡単にキャッシュ・フロー計算書についてのチェックポイントの解説を加えます。キャッシュ・フロー計算書は基本的に期首と期末の貸借対照表の差額をもって作成されるため，貸借対照表をきちんとチェックしていれば，それほど多くのチェックを必要としないためです。それでは，貸借対照表から順番に解説を始めていきましょう。

貸借対照表（資産項目）

　バランスシートアプローチでは，貸借対照表項目のチェックが非常に重要です。まずは貸借対照表のうち，資産項目から説明を始めていきます。

　現金・預金など目に見えるものから，繰延税金資産といった目に見えないものまで，一言に「資産」といっても様々な種類のものがあります。チェックの方法としても，目に見えるものについては，目に見えるものなりの，見えないものについては見えないなりのやり方がありますが，具体的には本文に譲るとして，まずは現金・預金から説明を始めていきましょう。

1 現金・預金残高

Check Point!
- 勘定明細の計算チェックをする！
- 勘定明細と総勘定元帳の金額の一致を確かめる！
- 期末日に実査（実際に現物を数える）をする！
- 記帳と出納を別の人にやらせる！
- 期末日時点の銀行残高証明を入手する！
- 現物と帳簿が不一致の場合の対応！

【設　例】
下記の残高明細をもとに，現金預金勘定をチェックしてみましょう。

【現金・預金勘定明細書】

現　　金			15,000
預　　金			
普通預金	××銀行××支店		100,000
	○○銀行○○支店		1,500,000
定期預金	△△銀行△△支店		2,000,000
		計	3,615,000

> 合計額の計算チェックをする！
> 総勘定元帳と一致していることを確かめる！

☑ 勘定明細の計算チェックをする！

　まず，合計額の計算チェックをしましょう。合計額が違っていたら内訳をいくら検証しても意味がないですから。くだらないようですが，計算間違いというのは意外とよくあるものなのです。

☑ 勘定明細と総勘定元帳の金額の一致を確かめる！

　続いて，残高明細の合計額が総勘定元帳（仕訳がすべて反映されている帳簿）と一致していることを確かめてください。これも，明細が正しく作成されていることをいくら確かめても，最終的に帳簿（総勘定元帳から合計残高試算表が作成され，これを元に貸借対照表が作成されます）にきちんと反映されていることを確認しなければ，本末転倒になってしまうからです。

☑ 期末日に実査（実際に現物を数える）をする！

　それでは，準備が終わったところで，現金から見ていきましょう。通常出金の都度，現金出納帳をつけていると思いますが，少なくとも決算時，できれば毎月末に現金を実際にカウントし，金種表を作成したうえで，現金出納帳と差異がないことを確かめておきましょう。

　このような実際のカウントを監査法人等の監査人（以下，「監査人」）が実施することを実査といいます。会社できちんと実査をしておけば監査人による実査なんて怖いものではありません。ちなみに金種表は以下のように作成します。

【金　種　表】

平成16年9月30日現在

種別	数	金額
10,000円紙幣	0	0
5,000円紙幣	0	0
1,000円紙幣	7	7,000
500円硬貨	4	2,000
100円硬貨	40	4,000
50円硬貨	8	400
10円硬貨	100	1,000
5円硬貨	100	500
1円硬貨	100	100
		15,000

実施者	承認者	部　長

　この金種表は平成16年9月30日を決算日と仮定しています。また，右下に実施者，承認者（主任，係長，課長など），部長の承認印欄を設けてあります。これは，複数の人間のチェックをとりいれる内部統制の基礎になります。ここで，金種表作成のポイントをまとめると以下のとおりです。

- 実施日，実施者，承認者などを明記しておく。
- ボールペンなど後日，修正ができない筆記物を使う。
- 期末日にすべての出納業務を終了させてから実査をする。このことにより，実査した現金と帳簿があわないということが少なくなる。

　多くの管理職の方はお気づきでないかもしれませんが，多くのまじめな出納

担当者は毎日，1円でも帳簿と現物があわないことがないように，必死の思いで仕事をしているものなのです。そういったまじめな出納担当者は，多くの場合，できれば毎日上司にチェックしてもらいたいと思っています。実際，私は多くの出納担当の方から，そんな声を聞いてきました。たとえば，「部長がたまにしか見てくれないんですよー。一言言っていただけませんか？」とかです。そういうまじめな出納担当者の努力に報いるためにも，少なくとも毎月末には現金実査に立ち会い，自分の印を押そうではありませんか。その結果，ダブルチェックがされることになり，間違いや不正のリスクが少なくなるわけです。このように，会社の中でダブルチェックをしてミスをなくすような体制のことを「内部統制」といいます。「内部統制」とは変な日本語ですが，Internal control の略語です。

☑ 記帳と出納を別の人にやらせる！
Check！

また原則として，現金の出納担当者（財務担当）と伝票を起票する担当者（経理担当）は別々の人間にするようにしましょう。たしかに，中小企業においては管理部門に多くの人員を割くことはできません。しかし，出納担当と経理担当が同一担当者であると，勝手に架空の伝票を起票し，現金を持ち去るという不正をしても，帳簿と現物を自分ひとりであわせることができてしまいます。そのため，不正の発見が遅れてしまうことが多々あるのです。このように，出納と記帳を別の人間に担当させるというのも，いわゆる内部統制の基本的な考え方です。「私は従業員を信じている」という経営者の方がほとんどだと思いますが，不正とは一瞬の心のスキが生んでしまうものです。不正をさせない仕組みを作ってあげるのが，経営者の従業員に対する思いやりではないか，と私は考えています。いいかえると内部統制をしっかりと作ることは経営者に課された重要な責任なのです。

このように，適正に作成された金種表（現金15,000円を実際にカウントしたこと，

そして，その責任の所在があとから誰が見ても分かりますね）と設例の勘定明細書の現金残高15,000円が一致していれば現金残高のチェックはOKです。

☑ 期末日時点の銀行残高証明を入手する！
<small>Check!</small>

　続いて，預金勘定を見てみましょう。預金はいうまでもなく銀行に現金を預けているわけですから，現金と同じように現物をカウントすることはできません。そこで銀行に依頼し，決算日付の残高証明を入手しましょう。手数料はかかってしまいますが，銀行に頼めばすぐに発行してもらえます。通帳を見れば済むことですが，特に取引の少ない銀行の場合ですと，期末日よりかなり前に記帳された残高が最終残高であることも多々あり（9月末が決算日なのに，7月中が最終取引日である場合などです），本当に期末日の残高かどうかが通帳では分からない場合があります。そのため，できるだけ残高証明をとるようにしましょう。なお，銀行の残高証明書は税務申告書にも添付する場合が多いようです。

　ただし，取引のあるすべての銀行の残高証明をとることを忘れないでください。残高がゼロだからいいや，といって残高証明をとらなかったがために，不正の事実を見逃してしまうかもしれません。残高がゼロだと思っていた銀行口座を裏金用の口座として利用されたりという可能性がまったくないとはいい切れないからです。

　決算書をチェックするにあたり，「網羅性」は非常に重要ですが，「すべて」の銀行から残高証明をとることによって，預金勘定の「網羅性」を検証することが可能になります。「網羅性」が重要なのは会計監査でもまったく同様です。

　また，監査人が独自のフォームで銀行に対して残高確認を行う場合があります。これには銀行との取引で考えられるいろいろな取引について，網羅的に取引の有無を問い合わせることになっており，残高を確かめるだけでなく，会社が記帳していない取引（簿外資産・簿外負債という）がないことを確かめているのです。たとえば，多額の含み損を抱えているデリバティブ取引なんてないよね，ということもあわせて確かめているのです。このような手続を会計監査の

第1章 貸借対照表(資産項目)

用語で「確認」といいます。会計監査を受けていないような中小企業では，監査人から銀行確認手続をしてもらうことはできませんが，必要に応じ顧問税理士の会計事務所に依頼することにより，このような銀行に対する確認手続を実施することができます。経営者もしくは管理職の方で，銀行に関する簿外資産・簿外負債がないことを客観的に確かめたい方は会計事務所に相談してみるとよいでしょう。

このように銀行から入手した残高証明と設例の勘定明細書の残高が一致していれば預金残高はOKです。設例に即していうと，あなたの手許に××銀行××支店の普通預金残高100,000，○○銀行○○支店の普通預金残高1,500,000，そして△△銀行△△支店の定期預金残高2,000,000の残高証明があれば預金勘定のチェックは終了です。

☑ 現物と帳簿が不一致の場合の対応!
Check!

と，いままでは現金も預金も現物もしくは残高証明と帳簿が幸運にも一致している場合を前提に説明してきました。しかし，世の中はそんなに甘くないもので，両者が合致しないことは多々あるものです。

実際，私が監査法人勤務時代，ある会社の現金を実査したときのことです。やはりといっては何ですが，現物と帳簿があっていませんでした。「何か心当たりありますか？」と聞くと，「あっ，そうだ。さっき私が出した（自分の洋服の）クリーニング屋が集金に来たので，手持ちの小銭がなかったので，金庫から借りちゃいました」とのことでした。ちなみにこの会社は東証（東京証券取引所）上場会社でした……。

と，こんなことは論外としても，実際の業務の中では現物と帳簿が一致しないケースというのは多々あります。そこで，この場合の対応について触れておきます。結論からいって，絶対に原因を究明すべきです。現金残高があっていないということは，複式簿記の原則からすれば，必ず他にどこかが間違っているということになります。もしかしたら，不正があるかもしれません。繰り返

しになりますが、現金・預金残高は1円まで現物と帳簿残高をきっちりあわせておいてください。その際、少しくらいだからいいや、という観点で自分のポケットマネーを使ってあわせるようなことが決してないようにしてください。不正の兆候が出ていれば、きちんとした調査の結果、その不正が早期に見つかるかもしれないのです。

　それだけ、現金・預金勘定については慎重になっていただきたいと思っています。現金をはじめとする現物管理は管理業務の基本です。現金・預金勘定が現物（および残高証明。以下「現物」）とあっていない決算書ほど信用できないものはありません。これがあわない決算書は必ずどこかが間違っています。まず、決算書チェックの第一歩として、必ず現金・預金勘定を現物と一致させることから始めましょう。

　付け加えると、税務調査や会計監査でいきなり現金・預金勘定があわないと、調査官ないし公認会計士は、その会社の決算書全体を疑ってかかるものです。痛くもない腹を探られないようにまず、適正な決算書の第一歩として、現金・預金残高をきっちりと固めましょう。

【補足】　現金勘定があっていないと決算書が必ず間違っている理由

　前に、現金・預金勘定があっていないとその決算書は必ず間違っていると述べましたが、その仕組みについて簡単に説明しておきます。

　まず、会計帳簿は、複式簿記の原則といって必ず貸借があうことになっています。少しわかりにくいので、簡単に図で説明してみましょう。

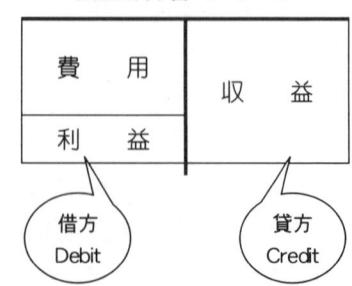

第1章　貸借対照表（資産項目）

　上の図は，貸借対照表（Balance Sheet＝B／S）と損益計算書（Profit and Loss Statement＝P／L）を簡略化して示したものです。それぞれの左側を借方（かりかた），英語では Debit（デビット），右側を貸方（かしかた），英語で Credit（クレジット）といいます。そして，複式簿記の原則では必ず両者は一致することになっていて，このことを貸借（たいしゃく）が一致しているといいます（ちなみに貸借のことをデビクレという方も時にはいますが，ひるまず「貸借」のことですね！と笑顔で応酬しましょう）。

　このように貸借が一致していることを前提に現金・預金が現物と一致していない状況を考えてみてください。現金・預金は貸借対照表の資産に含まれることはご存知だと思います。再度具体的な数値を使って説明してみましょう。

貸借対照表（B／S）

資　産 （現金100のみ）	負　債 （60）
	資　本 （40）

　資産は現金のみ100あるとします。同様に負債は60，資本が40の貸借対照表を想定します。ここで現金をカウントしたところ，90しかありませんでした。この場合の貸借対照表は以下のとおりとなります。

貸借対照表（B／S）

資　産 （90）	負　債 （60）
	資　本 （40）

見てのとおり，貸借が一致していません。すでにお話ししたとおり，現代の複式簿記では貸借が一致するのが原則ですので，負債，資本もしくは損益計算書のいずれかが間違っていることが予想されるというわけです。要は現金残高が帳簿残高と一致していないということは，現金そのものだけでなく，それ以外の項目が必ず間違っていることを意味しているのです。このことからも現金・預金の帳簿残高と現物を一致させるのが，いかに大切かがお分かりになっていただけると思います。

2 売上債権残高

Check Point!

- 勘定明細の計算チェックをする！
- 勘定明細と総勘定元帳の金額の一致を確かめる！
- 受取手形等については期末日に実査（実際に現物を数える）をする！
- 勘定明細の「その他」に注意！
- 回転期間分析を実施する！
- 回転期間と実際の回収サイトに大きな差がある場合の対応
- 必要に応じて残高確認手続を実施する！
- 残高確認の結果生じた差異の分析をする！
- 出荷伝票と請求書の突合せがきちんとされているか確かめる！
- 滞留債権管理をきっちりする！
- 貸倒引当金をきちんと設定する！

【設例】

下記の残高明細をもとに、売上債権勘定をチェックしてみましょう。

【受取手形勘定明細書】

A　　社	15,000
B　　社	20,000
C　　社	100,000
その他	5,000
計	140,000

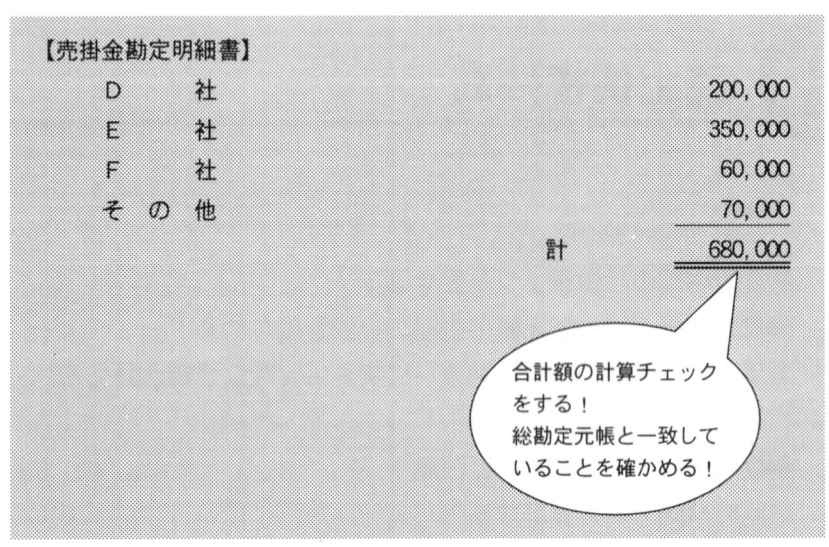

☑ **勘定明細の計算チェックをする！**
Check!

☑ **勘定明細と総勘定元帳の金額の一致を確かめる！**
Check!

　それでは，まず計算チェックをしましょう。面倒くさがらずに，きちんと電卓を叩いてみてください。そして，総勘定元帳と残高が一致していることを確かめることもお忘れなく。

☑ **受取手形等については期末日に実査（実際に現物を数える）をする！**
Check!

　現金預金の場合には現金の現物や残高証明といった客観的な証拠書類（これを「証憑（しょうひょう）」といいます）がありました。売上債権の場合には，どうでしょうか。まず，受取手形の場合には現物を会社で保管していると思います。そこで，決算期末日に現金と同じように実査をしましょう。そして，受取手形

第1章 貸借対照表（資産項目）

の場合にもあとから誰が見てもわかるように実査の報告書を作成しましょう。受取手形の場合，かなりの分量をカウントすることになると思いますので，受取手形勘定明細書に実際にカウントしたものにチェックマークをつけたうえで，実施日，実施者，承認者を分かりやすく記載しておくと便利です。具体的には，以下のフォームを参考にしてみてください。

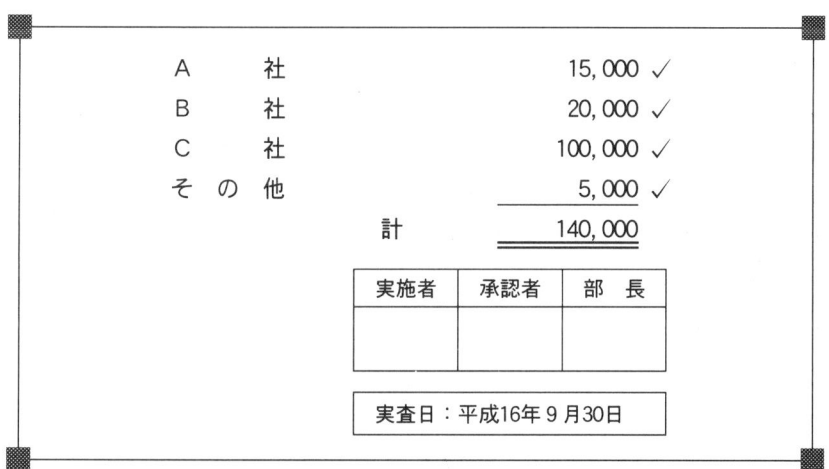

ただし，受取手形の場合，銀行の取立依頼に出しており実査日には現物が手許にない場合があります。このような場合には，取立依頼手形通帳が銀行から発行されているはずですので，これと勘定明細が一致していることを確かめてください。

また，手形を銀行などで割引いていたり，裏書している場合には当然現物はありません。しかし，裏書手形などは手形を発行した会社が不渡手形を出した場合など，自社に支払義務が生じる場合がありますので，当然のことながら，現物をもっている場合以上のきちんとした管理が必要になることに注意してください。具体的には，裏書・割引手形が期日にきちんと決済されているか（不渡を起こし，求償されるようなことはないか）等のチェックが必要です。

☑ 勘定明細の「その他」に注意！

　さて，実査後の受取手形勘定明細書を見て何か気づくことはありませんか？「その他」って何でしょう？上記はあくまでも例なので，A社，B社，C社の3社とその他しか想定していません。しかし，手形取引をしている会社における受取手形の相手先は通常，もっともっと多いはずです。そのため勘定明細の上では，1件当たりの金額があまりにも小さい相手先はまとめて「その他」と記載することは仕方がないことです。しかし，実際に現物をカウントする際には，「その他」の明細を見ながらカウントしなければならないことはいうまでもありません。

　また，「その他」の中にはずっと長いこと動きのないものや，場合によってはマイナス残高となっているものが紛れ込んでいることがよくあります。そのため決算書をチェックするにあたっては，「その他」の明細を確認して，今挙げたような変なものが紛れ込んでいないかどうかを確かめるようにしてください。「その他」に注意しなければならないのは，受取手形だけでなく，売掛金についても同様です。

☑ 回転期間分析を実施する！

　さて，これまで，現物のある受取手形については残高を確認できました。しかし，売掛金についてはまだ何もチェックできていません。売掛金は手形と違って現物がないので実査はできません。そのため，分析手法の1つである回転期間分析を紹介します。少し数値例を使ってみましょう。まず，売掛金残高は上記設例で680,000となっています。今年1年間の売上高を2,000,000だとします。売掛金の回転期間は，売掛金残高÷1ヶ月平均売上高で算定されますから，この場合ですと680,000÷（2,000,000÷12ヶ月）＝4.08月と算定されます。このように算定される売掛金回転期間は平均で売掛金が何ヶ月で回収されているかの指標とされています。売掛金回転期間が短ければ，売掛金を早く回収し

第1章 貸借対照表（資産項目）

ていることになりますし，逆に売掛金回転期間が長ければ，売掛金をなかなか回収できていないということが読み取れます。これは結果として，その会社の資金繰りの良し悪しにつながってきます。これまで説明した売掛金回転期間と会社の資金繰り（キャッシュ・フロー）の良し悪しの関係を簡単に図で示すと，以下のとおりとなります。

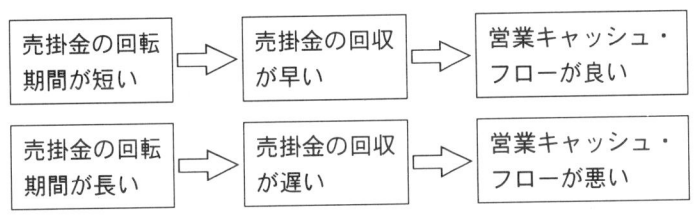

このように売掛金の回転期間の長短を見ることによって，会社のキャッシュ・フローの状況までうかがえる重要な数値ですので，算定方法を覚えておいて損はないと思います。さて，本題に戻りましょう。上記で算定した売掛金の回転期間は4.08月でした。

また，この計算は当然に受取手形にも同じように適用できます。ただし，受取手形の回転期間を算定するときには割引・裏書手形も含めることを忘れないでください。たとえば，裏書手形を20,000，割引手形を10,000とすると受取手形に関する回転期間は，（受取手形残高140,000＋裏書手形残高20,000＋割引手形残高10,000）÷1ヶ月平均売上高（2,000,000÷12ヶ月）＝1.02月と算定されることになります。ここでは，受取手形回転期間を実際の回収サイトと比較して残高の妥当性を確かめようとしています。割引や裏書は会社の資金繰りの関係で行われるものであり，実際の得意先のサイトに変更があるわけではありませんので，割引手形や裏書手形を考慮しないと回転期間は実態を反映せずに，短くなりすぎてしまいます。

ここで，もうひとつ注意です。ここまでは回転期間の算定方法を簡単に説明するために受取手形と売掛金を分けて考えていました。その結果，受取手形の回転期間が1.02月，売掛金の回転期間が4.08月と算定されました。ちょっと変だと思いませんか？　通常，手形のほうが売掛金よりも回収サイトが長いです

よね。そうなんです。上の計算では，売上高の総額で回転期間を算出しているから，こうなってしまっているのです。設例における正しい回転期間は，（受取手形残高140,000＋裏書手形残高20,000＋割引手形残高10,000＋売掛金残高680,000）÷1ヶ月平均売上高（2,000,000÷12ヶ月）＝5.1月になります。なお，手形売上と掛売上を把握できる場合には，それぞれ分母に手形売上高と掛売上高を使用すれば，それぞれの回転期間を求めることができます。

　念のため，具体的な数値を使って計算をしてみましょう。売上高2,000,000の内訳を手形売上300,000，掛売上1,700,000であるとします。これを前提に，手形売上および掛売上の回転期間をそれぞれ算定してみましょう。まず，手形売上債権の回転期間ですが，（受取手形残高140,000＋裏書手形残高20,000＋割引手形残高10,000）÷1ヶ月平均手形売上高（300,000÷12ヶ月）＝6.8月と算定されます。同様に掛売上債権の回転期間は，売掛金残高680,000÷1ヶ月平均掛売上高（1,700,000÷12ヶ月）＝4.8月と計算できます。

　それでは，このように手形売上と掛売上の回収サイトが異なる取引形態別に回転期間を算定し，それぞれの実際のあなたの会社の回収サイトとを比較して分析をしてみます。あなたの会社の主要な得意先の手形サイトは何ヶ月でしょうか？　大体でかまいませんが，月末締めで6ヶ月後払ではありませんか？　そうであれば上で算定した平均回収期間を示している回転期間6.8月と整合しているので，受取手形残高に大きな間違いはないであろう，ということができるのです。売掛金についても同様に考えることができます。上では売掛金の回転期間は4.8月と算定されています。ここで実際の売掛金回収サイトが4ヶ月前後の得意先が多いようであれば，売掛金残高についても大きな間違いはないであろう，ということができます。また，対前年同期比較をしてみるのもよいでしょう。

☑ 回転期間と実際の回収サイトに大きな差がある場合の対応

　それでは，上のようにして算定した回転期間と実際の回収サイトに差がある場合，もしくは対前年同期と比較して大きな増減がある場合には，どのように考えればよいでしょうか。

　まず，売掛金の回転期間と実際の回収サイトの間に差がある場合についてから考えていきましょう。まずは売上の季節変動によるものです。売掛金の回転期間は1年間の平均売上高をもとに算定しています。そのため，売上高が大幅に伸びている場合などは回転期間に影響があります。このような影響を排除するには，年間の回転期間だけを分析対象とするのではなく，たとえば四半期ごとの回転期間を算定して分析する，もしくは対前年同期比較をして重要な変動の有無がないことを確認するなどの手法をとるとよいでしょう。

　続いて回収遅延債権が多額にある場合が考えられます。このような滞留債権の管理については後で説明します。さらには，期末に押し込み販売をしている場合があります。期末に売上の予算を達成するために，架空売上もしくは売上の早期計上するなどの手法は，よく見受けられる手口ですので，十分に注意しましょう。このような観点からも回転期間分析のフォローをしっかりとするようにしてください。ちなみに押し込み販売を実施していると売上債権残高が増加しますので，売上債権の回転期間は長くなります。

　また，投資家のような決算書の利用者サイドから見た場合，売上債権回転期間が延びている場合には，回収条件が悪化して資金繰りが悪くなっているのかな，とか期末近くに無理して売上計上をしていそうだな，などのように会社の状況をうかがい知ることができる指標ですので，よく理解して，いつでも利用できるようにしておきましょう。

☑ 必要に応じて残高確認手続を実施する！

　今までで，実査及び回転期間分析を中心に売上債権残高の妥当性を検証してきました。実査のできる手形に関しては，現物をチェックするというかなり強力な証拠を得ることができましたが，物理的な実体のない売掛金については回転期間分析しか実施していません。そこで，より一層証拠力の強い手続として残高確認があります。残高確認とは，以下のような書面をもって取引先の帳簿残高と自社の残高とを比較，確認する手続です。これらの手続は監査人が実施する場合と，会社独自に実施する場合との両方があります。監査人が発送する場合には先方も渋々回答をくれるのが通常ですが，会社独自に発送する場合ですと，事前にきちんとしたアレンジをしておかないと，回答がもらえないばかりか取引関係に問題を生じさせる場合もありえますので，注意が必要です。具体的には，営業担当者から事前に先方に連絡をきちんといれてもらうなどです。社会人として当然のことですが，このあたりは忘れずにフォローしておきましょう。

　ここで問題なのは，残高に疑義がある取引先は回答をしてこないケースが多々あることです。先方もみすみす自社の誤りを認めたくはないからでしょう。このような場合，監査契約を締結しているような会社の場合には，監査人に依頼して発送してもらう方法も考えられます。しかし，多くの場合，あなたの会社は監査契約を締結しているような会社ではないと思います。その場合には顧問税理士などに依頼して会計事務所から発送してもらうという手段も考えられます。また，役員もしくは社長同士で話をつけてもらうなど，担当者レベルから切り離したほうが無難です。いずれにせよ，担当者レベルでどうしようもない場合には，会社トップ，外部の専門家などを利用したほうが得策です。経営者の方も担当者の話をよく聞き，すべて担当者の責任にするようなやり方をしていると，こういった問題が下から上がってきません。後述しますが，残高確認の結果，差異が生じ，この分析の結果，過去の売上過大計上もしくは売上債権回収漏れなどが判明することは多々あります。

第1章　貸借対照表（資産項目）

（郵便番号）161-0033
東京都新宿区下落合2-5-13

D株式会社　　　　　　　　　御中（殿）

××監査法人　担当者
大原　達朗
平成16年10月5日

債権債務残高確認ご依頼の件

拝　啓　貴社益々ご清栄のこととお慶び申し上げます。
　さて，今回の当社の決算に当り，貴社と当社との債権債務について残高確認を実施させていただきたくお願い申し上げます。つきましてはお手数をおかけして恐縮ですが，下記金額等に相違がない場合は末尾にご署名（または記名押印）の上，またもし相違がある場合は差額の明細を備考欄，余白又は別紙にご記入の上，直接，××監査法人宛にご返送下さるようお願い申し上げます。
　本状は貴社に対する支払の督促ではありませんので，念のため申し添えます。

敬　具

××株式会社
代表取締役　　　××××

平成16年9月30日現在，当社帳簿上の貴社口座残高は次のとおりです。

取引年月日	貴社に対する	摘　　要	金　　額	備　考
8／30／2004	債権・債務	売掛金	￥200,000	
	債権・債務			
	債権・債務			
	債権・債務			
	債権・債務			
	債権・債務			
	債権・債務			
	債権（債務）残高		￥200,000	

本書は切らずにご返送下さい

確　認　書

東京都港区赤坂3丁目2番2号（郵便番号107-0052）
　××監査法人　御中
　平成＿＿＿年＿＿月＿＿日現在，当社の＿＿＿＿＿＿＿＿＿＿＿＿＿＿＿＿＿＿
に対する債務（債権）は￥＿＿＿＿＿＿＿であることを確認いたします。
　なお，差額の明細は下記のとおりです。

記

　平成　　　年　　　月　　　日

（会　社　名）
代表者名又は
責　任　者　名　　　　　　　印

経営者の方も時には経理担当の方の話を気軽に聞いてみてはいかがでしょうか。何年も回収されていない債権の1件や2件はよほど管理の行き届いた会社でなければ、あっておかしくありません。
　なお、監査法人等が発送する残高確認状は前頁のようなものです。ご参考になさってください。

☑Check! 残高確認の結果生じた差異の分析をする！

　さて、このように書面を作成，発送，回収した残高確認ですが，回答金額が自社の金額と一致している場合と不一致の場合の両方がありえます。前者の場合（上の例でいうと，買掛金200,000と回答が来た場合ですね）は問題ありません。自社の売掛金残高が正確であった，といえます。
　では，両者に差があった場合についてはどうでしょうか。日本における売上高（売掛金も当然に同時点で計上される）は通常，出荷基準で計上されます。一方で仕入高（買掛金も当然に同時点で計上される）は通常検収基準で計上されます。たとえば，あなたの会社が得意先に3月31日に商品を出荷したとします。ここで出荷基準によれば，3月31日付で売上高及び売掛金を計上します。一方で，実際に得意先へ商品が届いたのが4月1日だとしましょう。得意先での検収が着荷と同時に行われていれば，得意先では4月1日に仕入と買掛金が計上されます。ここで，3月31日を基準日として確認手続を実施した場合，必ず差異が生じてしまいます。あなたの会社では売掛金を計上しているのに対し，得意先においては商品がいまだ届いていないことから，買掛金を計上していないからです。しかし，差異が生じていても上記のような原因が分かっていれば，計上基準の違いに起因した差異であるので，あなたの会社の残高自体は正しいと判断することができます。逆にいえば，残高確認が返送され，自社の残高と先方の回答残高に差異がある場合には，その原因をきちんと調査し，必要に応じて適正な会計処理を行う必要があります。なお，上記の売上高と仕入高の計上基準に起因するものも含めて売上債権の残高確認の差異原因となる主なものとそ

の対処策を簡単にまとめると以下のようになります。

差異の原因	発生原因	対処法
① 売上高（出荷基準）と仕入高（検収基準）の計上基準の差異によるもの	期末近くに自社が出荷するも、得意先には翌期首に商品が到着したような場合（詳細は上記参照）	原因さえつかめていれば、修正の必要なし
② 自社の売上計上漏れ	実際には出荷しているにもかかわらず、会計システム上、売上入力をしなかった。	原因を調査し、必要に応じて帳簿修正（売上計上）が必要
③ 自社売上過大計上	実際には出荷していないにもかかわらず、伝票だけで売上を計上してしまった。予算達成のため、比較的よく使われる手口だが、得意先と共謀していない限り、いつまでも検収がされないため比較的早く明るみに出てしまう。	原因を調査し、必要に応じて帳簿修正（売上取消）が必要
④ 売掛金の消し込みミス	実際には回収した債権を、違う取引先のものとして消し込みをしてしまった。もしくは売掛金以外の勘定で消し込みをしてしまった。	原因を調査し、必要に応じて帳簿修正（売掛金の消し込み）が必要
⑤ 自社と先方の単価差異	期中の単価改定等を自社もしくは得意先が会計システム（もしくは販売システム）に入力しなかった。	原因を調査し、自社の入力漏れの場合は、帳簿修正（単価修正）が必要

　上記のうち、①は内容と金額さえきちんと把握できれば問題ありませんが、②ないし⑤については会社のミス（単価差異については、先方の連絡が遅いため自社システムに反映するのが遅れてしまう場合が多々ありますが）に起因して生じた差異であるため、原則として会計帳簿の修正が必要になります。そのため、特に注意して差異分析を進めて、会計帳簿を修正する必要がある場合にはきちんと修正しましょう。

　なお、相手の会社に記入誤り等がある可能性もあります。自社で十分な調査

をしても差異原因が判明しない場合などは、再度相手の会社に照会することも必要になってくる場合があります。

☑ 出荷伝票と請求書の突合せがきちんとされているか確かめる！

続いて、請求書を発行する場合のチェックポイントに少しふれておきましょう。まず、請求書を発行する場合には売掛金の補助元帳に記載された金額をもとに作成することになると思われます。

それ以前に、売上を計上する際、経理もしくは管理部門でどのようなチェックがかかっていますか？営業からまわってきた売上伝票をそのまま入力しているだけではありませんか？売上は原則として、出荷基準で計上しているわけですから、本来であれば出荷の事実を表す外部証憑を残しておき、これと売上伝票を管理部門でチェックしたうえで売上計上するのが望ましい形です。ただし、一般の運送会社を利用している場合には、送り状の控くらいしか外部証憑として残っていないのが通常です。そこで、送り状に内容物の明細を添付してみてはいかがでしょうか。こうすれば、一応現物を出荷したという外部証拠を社内に保管することができます。また、物流自体を自社、もしくは自社グループでまかなっている場合には、運送業者（もしくは運送係）が荷受する際に、送り状に記載しておいた商品の明細をチェックして荷受させるという方法も考えられるでしょう。ただし、このあたりは実際にかかるコストとの兼ね合いになってくると思います。

そのため、この提案には「そんなことやっても意味あるの？」もしくは、「実際にできるの？」という反論が当然にあると思います。しかし、実際に出荷伝票どおりの出荷がされたかどうかを客観的に確かめるためには、このような手法しかないのが現状です。出荷伝票どおりに実際に出荷されている事実を客観的に確かめておかないと、得意先で検収されず、あとになってクレームが生じる原因にもなります。得意先との信頼関係のためにもきちんとした管理が必要

なのです。

　ただし，後述する期末日時点での棚卸をきちんと実施することによって，期末時点における誤出荷を発見することは可能です。これについては後述しますが，ここではできる限り出荷伝票通りの商品が出荷されていることを管理部門でチェックできる体制を作ることを目指しましょう。

☑ 滞留債権管理をきっちりする！

　今までで売掛金が適正に計上されているかどうかをチェックしてきました。しかし，営業の世界でもよくいわれるように，「現金を回収するまでが商売」というのが現実です。いくらきちんと売上高及び売掛金を計上したとしても，得意先に現金がなければ結局は，売掛金を回収することができず，あなたの会社の損失になってしまいます。取引開始時点において与信管理を実施したうえで，取引をしている場合がほとんどだと思いますが，与信をとった時点では大きな問題がないように見えた取引先でも急激に資金繰りが悪くなってしまう場合も十分にありえます。そこでできれば，以下のような滞留債権の管理表を作成のうえ，常に売上債権の回収状況をウォッチしておくことが必要になります。なお，下記では回収期限以降，3ヶ月以上経過のものから記載するようにしていますが，会社の実情に応じて1ヶ月未入金から記載するようにしても，もちろんかまいません。

得意先コード	得意先名	3ヶ月未入金	4ヶ月未入金	5ヶ月未入金	6ヶ月未入金	6ヶ月超未入金
00000001	D株式会社					200,000
00000101	甲株式会社					2,000

※甲株式会社は設例のその他に含まれているものと仮定します。

　上記のような一覧表を毎月次決算で作成し，これを経理もしくは管理責任者がレビューし，適切なフォローをすることによって，回収不能債権を少しでも少なくするようにしたいものです。すでに述べましたが，このような滞留債権

管理の手法も与信管理とセットにしてこそ力を発揮します。事前の与信管理と事後の滞留債権管理表による管理を常にセットにして考えるようにしましょう。

☑ 貸倒引当金をきちんと設定する！

上記のような与信管理及び滞留債権管理をいくらきちんとしていても，時として回収不能債権（貸倒：かしだおれ）は生じえます。実際に貸倒が生じてしまった場合には，貸倒損失処理する必要がありますが，取引先が事実上倒産し，貸倒が生じる前であっても実態として明らかに回収できない債権が存在する場合には，回収不能額を見積もり，これに対して貸倒引当金を設定する必要があります。

ここで，貸倒引当金を設定する理由について簡単に説明しておきます。簡単にいってしまうと，貸倒引当金とは将来回収ができないと予想される債権等につき，当期に費用計上してしまうものであって，最近，銀行に関するニュースでよくいわれている「不良債権の償却」の多くがこれにあたります。すなわち，過去に計上した売掛金や貸付金が当期においてもう回収できそうもないことが明らかになった時点をもって貸倒引当金を計上して費用処理をするわけです。ちなみに貸倒引当金設定時の仕訳は以下のとおりとなります。

```
（借）貸倒引当金繰入額    ××   （貸）貸倒引当金    ××
　　（費　　用）                  （負　　債）
```

なお，貸倒引当金は理解しやすいように「負債」としていますが，厳密には「評価性引当金」と呼ばれ，「資産の控除項目」とされています。そのため，貸借対照表では売上債権から直接控除されるか，売上債権の下にマイナス表示されることになっています。しかし，仕訳の理解としては負債項目として考えておいて差し支えありませんので，ここではあまり気にする必要はないでしょう。このように貸倒引当金を設定することは，すわわち，費用としての貸倒引

当金繰入額を同時に計上することになります。いってみれば回収不能と見込まれている売上債権や貸付金といった「不良債権」を貸倒引当金繰入額という費用を計上することによって「償却」しているのです。

　ここで，貸倒引当金を将来，回収できないことが予測された時ではなく，実際に回収できなかった時に費用処理すればよいのではないか，という疑問があるかもしれません。これに対する回答としては発生主義の観点からＮＯです。

　発生主義とは，会計事実もしくは会計事実の原因となる事象が発生した時点で会計処理を行う方法のことをいいます。極めて分かりづらいのですが，貸倒引当金に当てはめてみると，実際に得意先とか融資先が倒産などして，売掛金とか貸付金とが回収できないことが確定する時点ではなくて，支払遅延があったため何度も督促しているにもかかわらず支払がない場合など，将来回収できないという事象の原因が発生した時点，いいかえると将来，回収できそうもないことが分かった時点で貸倒引当金を計上しておくことが必要になってくるのです。

　詳しくは省略しますが，貸倒引当金については会計上の費用（貸倒引当金繰入額）と税務上の損金算入額に差異があり，この差異が税効果会計の対象となります。なお，税効果会計につきましては，後で説明することとします。ここでは，上で把握した滞留債権管理の結果，把握された事実上の回収不能債権等につき，きちんと貸倒引当金を設定することを忘れないようにしてください。

　設例に戻ると，上記Ｄ株式会社に対する債権200,000と甲株式会社に対する2,000の債権はすでに６ヶ月以上未入金であることから，特別な事情がなければ事実上，回収不能とみて貸倒引当金を設定する必要があります。設例では貸倒引当金を設定していませんので，経理担当者に指示し適切に貸倒引当金を設定すればＯＫということになります。

3 棚卸資産残高

> **Check Point!**
> ※勘定明細の計算チェックをする！
> ※勘定明細と総勘定元帳の金額の一致を確かめる！
> ※きちんとした棚卸を実施する！
> ※回転期間分析を実施する！
> ※滞留在庫管理をきっちりする！
> ※棚卸資産の評価をきっちりする！

【設例】

下記の残高明細をもとに，棚卸資産勘定をチェックしてみましょう。

【棚卸資産勘定明細書】

商　　　品	100,000
製　　　品	100,000
仕　掛　品	60,000
原　材　料	50,000
貯　蔵　品	5,000
計	315,000

> 合計額の計算チェックをする！
> 総勘定元帳と一致していることを確かめる！

第1章 貸借対照表（資産項目）

☑ 勘定明細の計算チェックをする！

☑ 勘定明細と総勘定元帳の金額の一致を確かめる！

もう恒例になってきましたが，まず計算チェックをしましょう。そして，総勘定元帳と残高が一致していることを忘れずに確かめておきましょう。

☑ きちんとした棚卸を実施する！

棚卸資産で大切なのは，なんといっても棚卸の実施です。皆さんの会社でも棚卸は行われていると思います。ただし，本当に棚卸で必要なことをきちんと実施できている会社は意外と少ないものです。

それでは，棚卸で本当に必要な作業というのはどのようなものなのでしょうか。その前に簡単に棚卸についておさらいしておきましょう。

棚卸とは通常，決算期末などに，倉庫などに保管してある現物を実際にカウントする行為のことをいいます。そして，期末にこのような棚卸を実施することにより，売上，売上原価の間違いを発見することができます。これらを考慮して本書では棚卸の定義を以下のようにします。

「棚卸」とは，
① 決算期末などに
② 倉庫などに保管してある現物を実際にカウントし，
③ 帳簿残高等と現物の差額を適正に調整することによって，
④ 期末棚卸残高と売上原価及び売上高を確定する行為
である。

それでは，①から説明していきましょう。まず，「決算期末などに」と定義しました。原則として，棚卸は決算期末に実施するのが望ましいと思います。

なぜなら，棚卸を決算期末に行うことにより，棚卸資産の期末残高はもとより，④でも定義されているとおり，売上原価及び売上高を確定することができるからです。売上原価及び売上高を確定する仕組みについては，後で説明します。

　ただし，公開会社などの場合，決算期末以外に棚卸を実施していることが多々見受けられます。これらの会社は棚卸した現物と理論残高（帳簿残高）との差異分析に時間がかかり，決算発表の早期化が強く要請されている公開会社では，決算期末に棚卸をしているとスケジュール的に無理が生じるためです。一方で，このような会社は通常，管理業務がきちんとしているため，必ずしも期末に棚卸を実施して，売上原価，売上高を確定する必要がないことから，決算期末日以外の棚卸が認められているのです。

　続いて②「倉庫などに保管してある現物を実際にカウントし」，③「帳簿残高等と現物の差額を適正に調整することによって」④「期末棚卸残高と売上原価及び売上高を確定する行為」については，実際に棚卸を実施し，その結果をきちんとフォローすることによって実行されます。そのため，下記にまとめて説明をすることとします。

　まず，倉庫などに保管してある現物を実際にカウントすることからですが，これは自社倉庫に保管してある棚卸資産現物をカウントすることはもちろん，外部倉庫を借りて自社の棚卸資産を保管している場合にも原則として現地に赴き，現物をカウントするのが原則です。ただし，遠隔地に倉庫がある，もしくはとてもじゃないけど，外部倉庫までは手が回らない，という時には，倉庫業者に依頼して預けてある棚卸資産についての在庫証明を入手するようにしてください。これにより，棚卸の代替手続となります。

　ここで，簡単に棚卸の2種類の方法について説明しておきます。一般的に棚卸には，リスト方式とタグ方式があります。

　リスト方式は文字通り，棚卸資産台帳のようなリストを持って，倉庫などを回り，現物とリストが合致しているかどうかをチェックする方式です。欠点と

しては，リストに理論在庫数が記載されているため，理論在庫数を信頼するがゆえに，現物を適当にカウントしてしまいがちな点が挙げられます。これを防ぐためには，リストの数量欄をブランクにして，棚卸担当者はブランクに実際のカウント数量を記入していく，という方法が考えられます。また，もうひとつの大きな欠点として，棚卸対象品がカウント済みなのか，まだカウントされていないのかが，一目では分かりにくいという点もあります。これは2重カウントもしくはカウント漏れを誘発する可能性があるので，注意が必要です。ただし，カウント済みのアイテムにカウント済みの印もしくはサインなどをする措置をとることによって，ある程度のカウント漏れや2重カウントを防止することはできます。

次にタグ方式の説明を簡単にしましょう。タグ方式では，タグを実際にカウントする棚卸資産に貼り付けます。タグには，一般的に連番，商品名，商品コード，数量などを記載します。具体的にはタグは以下のようなものです。

タグNo.	001
商品コード	000120
商品名	××
数量	10
棚卸実施日	9／30／04
棚卸担当者	㊞
入力担当者	㊞

原則としては，倉庫などの中をくまなく巡回し，棚卸資産を実際にカウントするつど，タグに必要事項を記入し，カウントの対象品に貼り付けていきます。すべての棚卸対象品をカウント後，再度倉庫をまわってタグが複数貼られているアイテムがないこと，及び貼り漏れがないことを確かめることにより，2重カウントやカウント漏れを防止することができるのが最大のメリットです。

その後，タグを回収し，実際の帳簿残高と突合せを行います。通常，タグ方式を採用している会社は在庫管理システムをもっている場合が多いので，在庫管理システムへタグに記載されたデータを入力します。その際に重要なのが，タグコントロールです。

　タグコントロールとは，棚卸担当の各部署に配賦したタグを漏れなく回収する手続のことを意味します。

　在庫管理システムに入力する際にタグがなくなっていたりすると何の意味もないですよね？そこでタグコントロールを徹底する必要があるわけです。まず，タグコントロールはタグの配布から始まります。大きな倉庫等では何チームにも分かれてカウントをしますから，チームごとにたとえばタグNo.001～100を配布し，回収する際に必ず001～100のすべてのタグを回収します。この時は利用していないタグも含めてすべてのタグをきちんと回収，管理するようにしましょう。

　誤記入などがあった場合にもタグに×印を付すなど，システムへの入力が不要であることを明確にしたうえで回収します。担当者の勝手な判断でタグを捨ててしまったりすると，紛失したのか，誤記入したのかが分からず，正確な実地棚卸残高が分からなくなってしまいます。そんなことがないように配布したタグがすべて回収されたことを確かめるようにしましょう。配布したタグをすべて連番で回収する，これがタグコントロールの基本であり，タグコントロールを適切に行うことによって，棚卸結果のシステムへの入力の網羅性を担保することが可能になるのです。

　補足ですが，棚卸資産の受払記録をつけていない会社の場合には，実地棚卸高をもって帳簿残高とすれば終わりです。しかし，棚卸資産の受払記録をつけていないと，実地カウントした後の調査の過程で判明する売上原価や売上高の計上ミスなどの発見ができないし，棚卸をするまで会社の損益が分かりません。そのため，できれば棚卸資産の受払記録をつけるようにしたほうが望ましいといえます。また，これまでの説明でもお分かりかと思いますが，在庫管理システム等のインフラが整備されていない会社の場合には，リスト方式によったほ

うが無難です。ただし，リスト方式には上で述べたような欠点がありますので，実際の運用に当たっては，この点によく注意するようにしてください。

　さあ，ここまでの説明でリスト方式，もしくはタグ方式によって実物のカウントができるようになったはずです。これにしたがい，実際に棚卸を実施した後，リスト方式の場合にはリスト上に，タグ方式では主にシステム上で実物と帳簿残高（理論残高）の差異が出ていると思います。そこで，これらの差異がどのような原因で生じたのかを分析してみましょう。差異の原因として考えられる主なものと，必要な対応は以下のとおりです。

差 異 原 因	必 要 な 対 応
Ⅰ　実物カウント間違い	実物を再度カウントする
Ⅱ　自然減耗のため，帳簿残高より実地残高が少ない	揮発性の液体など自然に減耗するものについては，減耗した部分につき，帳簿残高を減らすとともに，売上原価に算入する（盗難にあった場合，事故があった場合など，減耗が異常な原因に基づくものは特別損失とする）
Ⅲ　売上計上漏れのため，帳簿残高が実地棚卸高よりも多い	計上漏れとなっていた売上高及び売上原価を計上する
Ⅳ　仕入計上漏れのため，帳簿残高より実地棚卸高が多い	計上漏れとなっていた仕入高を計上する
Ⅴ　先日付の売上を計上したため，帳簿残高より実地棚卸高が多い	過大計上となっていた売上高及び売上原価を戻す／ただし，押し込み販売の可能性が高いので注意！
Ⅵ　先日付の仕入を計上したために，帳簿残高が実地棚卸高より多い	過大計上となっていた仕入高を戻す
Ⅶ　内容不明差異	実地棚卸高＞帳簿残高の場合には，雑収入，実地棚卸高＜帳簿残高の場合には，雑損失，もしくは，棚卸減耗損として販管費処理

　それでは，順番に説明していきます。

　Ⅰは実物のカウント間違いです。棚卸は通常，かなりの数の棚卸資産をカウントするはずです。そのため，中には当然，数え間違いも起こりえますので，

帳簿残高と実地棚卸高の差異が生じた場合には，まずもう一度現場に行って，再カウントしてみてください。そこで，カウント間違いだったということであれば，それまでです。

　では，次にⅡ自然減耗のケースです。自然減耗の場合には，通常発生することが認められる費用と考えられることから，売上原価に算入します。売上の対価として，当然に発生すると認められる費用であるため，収益である売上に対応させて費用を計上する，という考え方です。ただし，盗難や火事など，異常な原因で減耗が生じている場合には上記のロジックが崩れることから，当該減耗は臨時・異常項目として特別損失とします。

　ここからが重要ですが，Ⅲ売上計上漏れのため，Ⅴ先日付で売上を計上したために差異が生じている場合について説明します。両方とも売上の誤計上が原因で帳簿残高と実地棚卸残高が不一致になっています。Ⅲの場合，実際には商品等を出荷したにもかかわらず，会計処理をしなかったために起こります。多くの場合，単純なミスですので，棚卸の結果，売上計上漏れが発覚した場合に売上（必要に応じて売上原価も）をきちんと計上すればＯＫです。問題はⅤの場合です。Ⅴは実際に現物を出荷していないにもかかわらず売上を計上しているわけですから，架空売上になります。これも単純な間違いである可能性はありますが，Ⅲの場合は，営業担当者の出荷指図→出荷担当者の出荷作業及び出荷伝票の起票→経理担当者の入力，という流れのうち，出荷伝票の起票忘れや，最後の経理担当者のミスで起こります。なぜなら，営業担当者の出荷指図と出荷作業自体がなければ，商品等の棚卸資産が実際に出荷されないからです。しかし，Ⅴの場合は実際の物の動きがないにもかかわらず，伝票が経理担当に回ってきたり，あるいは出荷伝票等がないにもかかわらず，売上計上をしてしまうわけですから，いわゆる押し込み販売等の粉飾の可能性が考えられます。こういった架空売上についても決算期末日にきちんと棚卸を実施することにより，発見することができます。そのため，原則として棚卸は決算期末日に実施するのが望ましく，決算期末日に実施し，③帳簿残高と実地棚卸高の差異分析をきちんと行うことにより，④売上及び売上原価を確定することができるのです。

続いて，Ⅳ仕入計上漏れのため，帳簿残高より実地棚卸高が多いケースとⅥ先日付の仕入を計上したために，帳簿残高が実地棚卸高より多い場合についての説明をします。仕入の計上漏れの場合も，上で説明した売上の計上漏れの場合とほとんど同様です。特にⅥの場合には，なぜ仕入過大計上になってしまったのかの原因を特定する必要があります。売上の過大計上は自分のノルマ達成のため，会社業績をよく見せるためなどの明確なインセンティブがあるのですが，仕入過大計上はあまりそういう積極的なインセンティブがありません。だからこそ，原因を明確にして再発を防止するように努めるべきです。

最後に，いくら調査しても差異原因が不明なものが残った場合には，雑収入もしくは雑損失などで処理し，帳簿残高と実地棚卸高を一致させます。

これまでで，棚卸の基本的な手法について簡単に説明してきました。それでは，本題である決算書をチェックする立場からはどのような方法を実施する必要があるのかについて考えてみましょう。まず，上述した棚卸のポイントをあなたの会社流にアレンジしたうえで，棚卸実施要綱を作成し，事前に棚卸を実施する担当者，責任者に配布，説明をします。そして，重要なのは棚卸結果報告書を棚卸担当者にきちんと作成させ，責任を明確にすることです。具体的には以下のようなイメージで棚卸結果報告書を作成してみてください。

【棚卸結果報告書】

○○経理部長殿

平成16年9月30日を基準日として棚卸を実施した結果は，以下のとおりとなりましたので，ご報告申し上げます。

××工場長　大原　達朗

	実地棚卸高	帳簿残高	差異
商　　品	100,000	110,000	△10,000
製　　品	100,000	80,000	20,000
仕 掛 品	60,000	60,000	0
原 材 料	50,000	50,000	0
貯 蔵 品	5,000	5,000	0
計	315,000	305,000	10,000

なお，差異原因は以下のとおりであります。

　商　　品　　△10,0000　→　売上計上漏れ
　製　　品　　20,0000　→　仕入過少計上　　　　　以上

記載必須項目として，

- 棚卸基準日（実施日）
- 実施責任者明記
- 実地棚卸高と帳簿残高
- 実地棚卸高と帳簿残高の差異原因

が挙げられます。

　特に実地棚卸高と帳簿残高の差異を明確にして，両者を一致させることが重要です。そして，修正仕訳を起票するため，差異の原因となった棚卸資産ごとにデータを把握します。上記では総額で記載していますが，実際にはA製品でいくら，B商品でいくら……というように詳細なデータを把握しておく必要が

第1章　貸借対照表（資産項目）

あります。詳細なデータを把握しないと在庫受払システムを修正できないためです。ただし，棚卸結果報告書には，詳細の記載は必要ないでしょう。別紙として必要な部署に提出すれば足りると思います。

　こうして提出された棚卸結果報告書と，設例で提示した棚卸資産勘定明細書が一致していれば，基本的に決算書のチェックとしてはOKです。本問の場合，商品の売上計上漏れ△10,000，製品の仕入過少計上の20,000の分だけ両者が不一致になっています。この2点についての修正仕訳を起票し，その結果，棚卸結果報告書の帳簿残高と棚卸資産勘定明細書が合致していることが確かめられればチェック終了ということになります。また，帳簿残高と実地棚卸高があまりにもかけ離れている事業所等がある場合には，その原因をきちんと報告させ，再発防止に努めさせましょう。

　また，すでに説明しましたが，外部倉庫などに実際に棚卸することができない場合などは先方から預かり証明を入手して，棚卸資産勘定明細書と一致していることを確認する必要があります。

☑ 回転期間分析を実施する！
Check!

　これまでで棚卸をきちんと実施し，実地棚卸高と帳簿残高の差異を調査し，適正な会計処理を実施することによって，棚卸資産残高はもちろんのこと，売上高及び売上原価の確定にもつながることがお分かりいただけましたでしょうか。

　しかし，一定規模以上の会社になるとすべての棚卸資産を期末日に棚卸できるか，というと現実的には不可能だ，というケースがままあります。現実には，期末日にすべての棚卸資産の棚卸ができる会社のほうが少ないかもしれません。そこで，棚卸は期末日以外の特定の日に実施することを前提に，棚卸資産についても売上債権と同様に回転期間分析をすることにより，棚卸資産残高がおおむね正しいものであることを確かめてみましょう。ここでは1年間の仕入高を1,500,000と仮定して棚卸資産の回転期間を算定してみます。

期末棚卸資産残高315,000÷1ヶ月平均仕入高（1年間の仕入高1,500,000÷12）＝2.52月と算定できます。なお，自社以外の決算書を分析する場合等で，仕入高が分からない場合には，仕入高の代わりに売上原価を利用してもよいでしょう。

ここで算定された2.52月の回転期間はどういったことを意味しているのでしょうか。期末残高を1ヶ月の平均仕入高で除しているわけですから，今ある在庫が平均2.52月の仕入高に該当することを意味しています。そのため，この棚卸資産の回転期間が短いほど資産の流動性が高く，資金繰りもよいということができます。確かに短ければ短いほど会社にとってはよいのですが，あくまでもビジネスの形態によって，一定程度の在庫を持たざるをえない業態と，限りなくゼロに近い在庫でもビジネスができる業態とがあります。このため，棚卸資産の回転期間を短くしようとする努力は当然に必要ですが，決算書のチェックという観点からは，この棚卸資産回転期間の変動を見ることによって，決算書のチェックポイントを絞るということに利用してみましょう。

それでは，対前年同期比などで回転期間が短くなった場合を考えてみましょう。具体的には前年度の回転期間が例えば3月以上である場合など上で計算した2.52月よりも長いケースです。可能性としては，滞留在庫を一掃した，もしくはＢＰＲ（Business Process Reengineering）を実施し，期末残高が大幅に減少した場合などが考えられます。

逆に対前年比などで回転期間が長くなった場合はどうでしょうか。具体的には前年度の回転期間が上で計算した2.52月よりも短い場合のことです。この場合とは逆に，販売見込みを誤り，必要以上の在庫を仕入れてしまったなどの理由により，滞留在庫が増えた場合などが考えられます。

回転期間が変動するのは，上に挙げた他にも様々な理由が考えられます。いずれにせよ，変動の理由が合理的に説明できない場合には，どこかに誤りがある可能性がありますので，この場合には慎重に誤りの原因を調査するようにしましょう。

☑ 滞留在庫管理をきっちりする！

　続いて滞留在庫管理です。滞留在庫管理をきちんとすることは，実質的に販売不能な棚卸資産を早めに把握することにつながり，結果として無駄な発注をしないように気をつかうようになるなどの効果があります。業績が悪いからといって本来除却すべき棚卸資産を来年に繰越したりしていませんか？在庫を持ち続ければ，除却損を計上しないで済むかもしれません（その場合でも下で述べるように，本来は評価損を計上しなければなりませんが）。しかし，在庫を持ち続けることによって倉庫保管料もかかるわけですから，会計上の損失を繰り延べるために，倉庫保管料の支払というキャッシュ・アウト（現金支払）をしているわけです。こんな無駄ってないと思いませんか？

　それでは，具体的に滞留在庫管理をどのようにしていけばよいでしょうか。下の滞留債権管理表をご覧ください。

商品コード	商品名	3ヶ月不動	4ヶ月不動	5ヶ月不動	6ヶ月不動	6ヶ月超不動
00000001	A　商　品		20,000			
00000101	B　商　品					5,000

　このような管理表を自動で作成するためには，在庫受払システムが導入されていることが必要です。一般に多品種を取り扱っている会社の場合には，日常の受払いを手作業では管理できないため，在庫の受払システムが導入されている場合が多いと思います。そこで，棚卸資産回転期間が同業他社と比較して著しく長い会社などは，滞留在庫管理を徹底するため，上記のような帳票をシステム的にアウトプットできるようにすることを検討されてみてはいかがでしょうか。

　一方，少品種を扱っているような会社の場合，システムを組んでいなかったとしても倉庫担当者は滞留在庫を把握しているはずです。また，あなたが棚卸に立ち会えるようであれば，倉庫内を見て回っている間に滞留している在庫が眼に入ると思います。これを前提に，3ヶ月以上不動の在庫をリストアップし

ろ，と指示を出せば，たとえ手作業であっても，ある程度の信頼できる滞留在庫管理表が作成できると思います。こういう資料が現場から出てこないのは，経営者に知られると自分の身に不利である，ということがその背景にあります。そのため，経営者がきちんとした態度で（感情的に怒鳴りつけたりしないで），現場に働きかければ，現場もそれに答えてくることが日本の場合，ほとんどだと思います。もし，それでもダメな場合は残念ながら，経営者と現場との間の信頼関係が十分でないのかもしれません。このような場合には，コンサルタントを雇って在庫受払システムを作るなどの措置が必要になってくるかもしれません。

これまでで，上のような滞留在庫管理表が作成されたとします。そこで，この在庫管理表を入手したあなたは，営業担当に滞留の理由，今後の予定（販売可能なのか，販売不能なため，本来であれば除却したほうがよいのか）を報告させます。可能であれば，滞留在庫管理表に，滞留の理由，今後の予定を記入する欄を作ってしまったほうがよいかもしれません。そして，販売不能であると判断されたような場合，次の棚卸資産の評価の問題へと入っていきます。

☑ 棚卸資産の評価をきっちりする！
Check!

棚卸，及び滞留在庫管理表レビューの結果，販売不能であるとされた場合，可能であれば除却をします。もし，実際に除却ができなかった場合でも評価損を計上し，会計上損失計上し，すでに売却価値がないという実態と会計数値を一致させるようにする必要があります。

なぜなら，実際には価値が下落している，もしくは価値がなくなっている資産を放置しておくと資産を過大計上させておくこととなり，決算書が経済実態とは異なる数値を表すことになってしまうからです。

さて，上の滞留在庫管理表のうち，4ヶ月不動のA商品20,000と6ヶ月超不動のB商品5,000のうち，B商品の販売可能性がなかったとしましょう。この

場合，できれば実際に商品を除却してしまい，除却損を計上するか，実際の除却が間に合わない場合にも，商品評価損などを計上してしまいます。こうすることによって，すでに価値がないB商品が決算書上でも評価ゼロで表示されることになり，結果として実態と会計数値が一致することになります。

また，販売は可能であるが，新製品などが登場し陳腐化，原価割れでないと販売ができないことが想定される場合にも，評価損を計上する必要があります。上の滞留在庫管理表の，4ヶ月不動のA商品20,000はまだ販売は可能であるが，すでに型落ちとなってしまったため10,000でしか販売できそうもないことが分かっているとしましょう。この場合は，すでに価値がなくなってしまった10,000（＝20,000－10,000）を評価損として計上します。

最後に仕掛品の評価についても簡単にふれておきます。仕掛品とは文字通り，製造過程中の仕掛状態にある棚卸資産のことをいいます。具体的には，工場のライン上にある製造途中の棚卸資産などのことですね。そこで，期末棚卸金額を算定する際に，進捗率（仕掛程度）を求める必要がありますが，これは実態に即した率を使用するようにしてください。進捗率の設定を含め，原価計算は業種，製造製品の種類等によって様々ですので，一般論を説明しにくいため本書ではこれ以上の説明は省略します。

なお，極めて簡便的な方法ですが，仕掛品の残高に重要性がない場合，進捗率を50％（ラインのはじめから終わりまで平均的に在庫が残っているのであれば平均すれば50％でしょ，という程度の意味です）として計算することは多くの場合認められると思います。

4 固定資産残高

Check Point!
- 勘定明細の計算チェックをする！
- 勘定明細と総勘定元帳の金額の一致を確かめる！
- 固定資産実査をする！
- 減価償却費のオーバーオールテストを実施する！
- 減損会計に備える！

【設 例】
下記の残高明細をもとに，固定資産勘定をチェックしてみましょう。
【固定資産勘定明細書】

建　　　　物	500,000
機 械 装 置	400,000
工具器具備品	100,000
減価償却累計額	△200,000
計	800,000

合計額の計算チェックをする！
総勘定元帳と一致していることを確かめる！

☑ 勘定明細の計算チェックをする！

☑ 勘定明細と総勘定元帳の金額の一致を確かめる！

　いつものとおりです。まずは，計算チェックから始めましょう。総勘定元帳と勘定残高が一致していることを確かめるのも忘れずに。

☑ 固定資産実査をする！

　固定資産は，現金や手形や棚卸資産と同様に現物をカウントすることができます。ただし，固定資産は棚卸資産ほどの動きがないため，実査をはじめとした管理業務がないがしろにされているケースが多く見受けられます。しかし，固定資産は比較的多額にのぼることもあるため，本来であれば，その財産的価値からいって棚卸資産と同じ程度の管理が必要なのだと思います。ただし，実査については毎日現物が動く棚卸資産とは違って誤計上や，帳簿には計上されているものの現物はすでになくなってしまっている可能性は少ないので，それほど頻繁に行う必要はないでしょう。

　それでは，固定資産については通常，どのような管理をすればよいのでしょうか。まず，1つ1つの固定資産を固定資産台帳に記帳します。また，固定資産番号を付し，現物にもシールを貼るなどして当該固定資産の固定資産番号が何番なのかを，一目で分かるようにしておくことからスタートしましょう。

　続いては，固定資産実査です。先にも述べましたが，固定資産は現金や棚卸資産とは異なり，毎日現物が動くような性格のものではありません。そのため，現金実査や棚卸と異なり，毎決算期末に必ず実施しなければならないものではないと考えられています。しかし，10年間に1度しか実施しないなど，あまりにも極端な場合には，現物と帳簿の不一致が大きくなりすぎる可能性があります。もちろん会社の保有する固定資産の種類や性質によりますが，理想的には1年に1回，2～3年に1回は実施したほうがよいと思います。それでも，実

施が難しい場合には1度にすべての固定資産実査を同時に実施せず，事業所ごとに実施するなどの対応を考えてください。本来，実査や棚卸は，すべての実査ないし棚卸対象資産につき，同時に実施すべきものです。たとえば，1日目はＡ工場で固定資産実査をして，次の日にＢ工場で固定資産実査をするスケジュールを組んだとします。この固定資産実査に本社管理部門担当者と監査法人等が立会をすることになっていたとしましょう。初日にＡ工場での固定資産実査終了後，Ｂ工場に固定資産を運んでしまえば，1つの固定資産を2重計上することが可能になってしまうからです。棚卸資産と違って，固定資産は簡単に運ぶことができないものが多いので，ピンとこないかもしれませんね。少し脱線しますが，監査論でよく語られる有名な話を参考までにしてみます。伝え聞いた話ですので，事実とはだいぶかけ離れた形になっているかもしれませんが，ご了承ください。

【補足】 石油が移された？

　ある公認会計士が棚卸の立会に行きました。棚卸をするのは石油タンク。しかも大きな石油タンクが2台ならんでいます。彼の仕事は石油タンクの一番上まで登って，2つのタンクが満タンになっていることを自分の目で確かめることです。石油タンクは郊外にあるため，朝，東京駅をたった彼は，11時頃から1つめのタンクに登り始めました。1つめのタンクを頂上からのぞいてみると，しっかりと満タンになっていました。そこで，現地の会社担当者から，「そろそろお昼ですので，昼食にしましょう。」そういえば，もう12時を過ぎています。彼は昼食をとることにしました。そして，13時過ぎに現場に戻った彼は2つめのタンクに登り始めました。そして2つめのタンクも満タンになっていることを確かめました。彼の仕事はこれで無事終わりました。

　どこにでもありそうな話ですが，実は昼食を食べている間に1つめのタンクから2つ目のタンクに原油が移されていた，というのです。こうして棚卸資産を過大計上することにより，売上原価を過少計上させ，利益を過

大計上させる粉飾決算を見逃してしまうことになってしまったのでした（「売上原価＝期首棚卸資産残高＋当期仕入高／当期製品製造原価－期末棚卸資産残高」という算式で算出されますので，期末棚卸資産残高を過大計上することにより，売上原価を過少計上することが可能になるのです）。

　ちょっと，横道にそれましたが，実査や棚卸を同時に行わないと，このような事態を未然に防ぐことはできません。そうはいいましても，固定資産は棚卸資産ほど移動が容易でないことが多いため，上記のような事態は起こりにくいと考えられます。あくまでも原則としては，固定資産実査も一斉に行うべきですが，実務的にはそう簡単にはいかないでしょうから，必要に応じて別々に実施することも考慮に入れてよいと思います。

　それでは，具体的な固定資産実査の方法について説明しましょう。固定資産実査に先立ち，固定資産台帳を用意しましょう。固定資産台帳は固定資産の1件別の明細で，各固定資産の固定資産番号，種類，名称，取得日，取得価額，耐用年数，当期の減価償却費，減価償却累計額などが記載されています。具体的には，以下のようなものになります。

【固定資産台帳】

固定資産番号　　001
資　産　種　類　　備品
資　産　名　称　　S社製ノート型パソコン
耐　用　年　数　　4年
償　却　率　　　　0.438
取　得　日　　　　平成14年4月1日

計上日	取得価額	当期償却費	帳簿価額	減価償却累計額	備考
平成14年4月1日	100,000		100,000		購入
平成15年3月31日	100,000	43,800	56,200	43,800	決算に当たって減価償却費計上
平成16年3月31日	100,000	24,616	31,584	68,416	決算に当たって減価償却費計上

固定資産の数が相当少なければ問題ありませんが，ある程度のボリュームになると，手書きでは厳しいと思います。この場合には市販の固定資産管理ソフトを利用することをお勧めします。数が少なければ，表計算ソフト等を利用してもよいでしょう。なお，このように作成した固定資産台帳の合計と総勘定元帳の合計が一致していることを常に確かめておく必要があることはいうまでもありません。

　固定資産実査では，この固定資産台帳をもとに現物が実際に存在するかどうかを確かめて回ります。この結果，現物と帳簿との間に差異が生じている場合には，内容を調査のうえ適切な会計処理をする必要があります。ここで，固定資産台帳と現物が合致しない時の原因と会計処理について簡単にまとめておきましょう。

摘　　　要	原　　　因	対　応　策
現物があるにもかかわらず，固定資産台帳に記載されていない	固定資産の計上漏れ	固定資産計上するとともに，本来計上するべきであった減価償却費を，原則として過年度損益修正損（特別損失）として計上
固定資産台帳に記載されているにもかかわらず，現物がない	紛失，除却等の記帳漏れ	原因を調査し，固定資産除却損等の科目で処理

　上の表では，固定資産の計上漏れの場合，過年度において本来計上すべきであった減価償却費を原則として「過年度損益修正損（特別損失）」として計上すると記載していますが，金額的重要性が低ければ営業外損失の「雑損（失）」で処理することも可能です。

　そして，最後には棚卸資産と同じように実査報告書を作成し，責任の所在を明確にしておきましょう。具体的には，少なくとも以下のような内容を記載するようにしておくべきです。

第1章 貸借対照表（資産項目）

【固定資産実査報告書】

〇〇経理部長殿

　平成16年9月30日を基準日として固定資産実査を実施した結果は、以下のとおりとなりましたので、ご報告申し上げます。

　　　　　　　　　　　　　　　　　　　××工場長　大原達朗

　以下の項目を除き、××工場における平成16年9月30日現在の固定資産台帳と現物はすべて一致していることを確認いたしました。

　固定資産台帳と現物の一致しない項目は以下のとおりです。

固定資産番号	資産種類	資産名称	備考
001	備品	S社製ノート型パソコン	現物ナシ。除却処理予定。
－	備品	D社製キャビネット	固定資産台帳に計上ナシ。固定資産台帳に追加計上。
︙	︙	︙	︙

　最低限、このようなフォームで作成すれば、固定資産実査の責任者、その結果、どのような差異が生じて、どのような処理をするのかが誰がみても分かりますよね。

　設例に戻りますと、固定資産実査が期末日時点で実施されていれば、その固定資産実査報告書の内容を吟味した結果、内容が妥当なものであれば、OKです。たとえば上記の固定資産実査報告書では、例として2点の差異項目が記載されていますが、これら2点の差異項目が決算に当たって、適正に処理がされているかどうかを確認します。

　具体的には、S社製のノートパソコンがきちんと除却処理されているかどうか、また、D社製キャビネットがきちんと固定資産として追加計上され、当期及び過年度の減価償却費がきちんと計上されていることを確かめます。それさ

え，きちんと処理がされていれば，それ以外の固定資産については，すべて現物と固定資産台帳が一致しているわけですから，問題ないものと判断できます。

> **【補足】 会計／監査上の重要性とは？**
>
> 　ここで，金額的重要性について少しふれておきましょう。決算において，金額的重要性が低いため，修正しなくてもよいと判断されることがよくあります。具体的にどういうことをいっているのでしょうか。たとえば，旅費交通費を担当者の入力誤りで1,000円過大計上していたことが判明したとしましょう。この会社の販売費及び一般管理費の合計額が200百万円あったとします。この場合，1,000円を修正してもしなくても，財務諸表の大勢に影響を与えることはありません。決算短信や計算書類を修正する手間を考えると，むしろ修正しないほうが決算作業はスムーズにいくでしょう。このように，財務諸表の大勢に影響を与えないということを，「金額的重要性が低い」といいます。
>
> 　それでは，金額的重要性が低い場合とは，どの程度のことを指しているのでしょうか。一般的には，3～5％の範囲は「金額的重要性が低い」とされています。しかし，この3～5％には法的根拠はありませんし，何の3％～5％を指しているのかが不明確です。金額的重要性は，大手監査法人の中では一定の算式によって決められています。そして，一般的に税引後当期利益を基準に判断することが多いと思います。一定の算式によって算定された重要性の基準値も絶対的なものではなく，最終的にその重要性の判断をするのは，会社の経営者と監査報告書にサインする関与社員です。そのため，ここで重要性の基準値について明確な指針を出すことはできませんが，売上とか最終利益とかの10％以上の金額の誤りが発見された場合には，誰が見ても修正しなければならないと思うでしょうし，売上とか最終利益とかの1％程度の金額の誤りが発見された場合には，誰が見ても修正する必要はない，と考えるでしょう。その結果，判断が微妙な3～5％

という線が実務的には重要性の基準値だと考えられるようになったのだと思います。そして、この3～5％程度の範囲の誤りを修正するか、どうかは経営者と監査法人等の交渉事になります。先にも述べましたが、このような微妙なラインでは会社がまっとうな意見を、書面をもってきちんと説明すれば、多くの場合、その意見が通ります。なぜなら、あくまでも財務諸表の作成責任は会社にあり、書面をもって交渉することにより、監査法人等の責任が一定程度軽減されるからです。会社として監査法人等と折衝する際には、責任のなすりつけをするのではなく、お互いの立場をきちんと理解して、行うほうがよりスムーズに行くことはいうまでもありません。

☑ 減価償却費のオーバーオールテストを実施する！

あと、固定資産で忘れてはいけないのが減価償却費及び減価償却累計額の妥当性を確かめることです。固定資産の帳簿価額は、取得価額マイナス減価償却累計額ですからね。ここでは、当期発生した減価償却費が大方あっているかどうかをチェックする手続を紹介しましょう。減価償却費のオーバーオールテストといいます。これは（支払・受取）利息にも同じように使うことができますので、具体的な設例で説明しておきましょう。

種類	①期首帳簿価額	②当期増加	③当期減少	④当期償却費	⑤期末帳簿残高	⑥=①+②+③÷2	⑦=④/⑥オーバーオールレート	⑧耐用年数	⑨実際償却率
機械装置	360,000	20,000	(10,000)	(70,000)	300,000	365,000	0.19	7～12年	0.175～0.28

定率法を前提としていますが、定額法でも同じような手続でテストできます。定額法の場合には、帳簿価額ではなく取得価額を用いることに注意が必要です。

それでは、上の計算シートについて説明していきましょう。まず、①～⑤は事実を記入します。次に⑥ですが、期首帳簿価額プラス当期増加と当期減少のネット額を2で割っています。固定資産は期首にも期中にも期末にも増減しま

すから，これを期のちょうど真ん中で増減したものとして，合計額を2で割っているわけです。そして，実際の償却費と⑥で算定した値を割ることによって，オーバーオールレートを算定します。計算式からもお分かりになると思いますが，実際に計上した減価償却費から償却率を逆算しているのです。これをオーバーオールレートといいます。そのため，少なくとも，固定資産の種類別にテストを実施するようにします。固定資産全体で実施してしまうと，耐用年数が大幅に異なるものをごちゃ混ぜに計算することになり，説明のつかない数値が算定されてしまう可能性が高くなるからです。

そして，⑦で算定したオーバーオールレートと⑨の実際償却率の間に合理的な関係があれば，当期の減価償却費の計上額がおおむね妥当であると判断することができます。設例でいいますと，0.19と算定されたオーバーオールレートが0.175から0.28の実際償却率の間に入っていますので，大きな計算誤り等はなく，両者には合理的な関係があるといえますよね。これを減価償却費のオーバーオールテストといいます。

ここで，オーバーオールレートと実際償却率との間に合理的な関係がなかった場合の対処についてふれておきます。原因として考えられるものに以下の3つがあります。

- 計算誤り
- 償却済みの固定資産が多くある場合
- 期中における棚卸資産増減の時期が期中と離れている場合

それでは，1つずつ説明していきましょう。まずは計算誤り等がある場合からですが，それよりも前に次の2点には注意してみてください。ひとつは，償却済みの固定資産が多くある場合です。償却済みといっても10％の残存価額は残っている一方で，減価償却費が計上されないため，オーバーオールレートが小さく算定されます。この影響が大きい場合には，償却済みの固定資産を除外してオーバーオールテストを実施してみてください。もう1つは，期中におけ

る固定資産の増減です。上記では，すべて期中に増減があったものとして計算をしていますので，仮に期首もしくは期末に大量の固定資産の増減がある場合には，計算結果に大きな影響があります。期首近くに大幅な増減があった場合には，上の計算シート⑦で÷2をする必要はありません。また，期末近くに大幅な増減があった場合には，ほとんど減価償却費への影響がありませんので，増減を無視するか，たとえば1ヶ月分は減価償却を実施したという仮定のもとに，期末近くに増減したものについては，÷2ではなく，÷12をするなどして，再度オーバーオールレートを算定してみましょう。これらの計算をしてもまだ差異があり，さらにほかに心当たりがないとすると，減価償却計算が誤っている可能性がありますので，再度計算チェックをかけるようにしましょう。

☑ 減損会計に備える！
Check!

　2005年4月1日以降開始事業年度より，固定資産の減損会計が全面適用になります。たくさんの解説本が出版されていますので，本書で詳細を解説することはしませんが，多くの場合，取得価額で貸借対照表に計上されたままの，多額の含み損を抱えた固定資産は固定資産の減損会計導入により，減損損失を大量に計上することになります。

　そこで，事前に遊休資産を除却するなり，売却するなりの措置をとっている会社もすでにたくさんあります。減損会計は，多額の含み損を抱えた固定資産の実態を適正に開示するという点ではまっとうな基準ですが，いかんせん，導入する企業サイドからすると，導入当初のインパクト（多額の損失計上が見込まれる），及び事務処理の増大（将来のキャッシュ・フローの見込み，割引計算など）が大きすぎます。そのため，準備期間が長くとられているわけです。

　このようなことから，この2つのインパクトを最小限に抑えるため，事前に遊休資産の洗い出し，必要に応じて処分をしておくことをお勧めします。減損損失が見込まれる固定資産を事前に除却，売却などの処理をしておくことによって，減損会計導入当初に計上される減損損失の一部を前倒し計上できます

し，その後の減損損失算定手続も物件数が少なくなることもあり，多少なりとも事務負担が緩和されるはずです。

　ぜひとも早めの検討をお勧めします。なお，上場企業においては2004年3月期から早期適用を開始した会社がかなりの数あるそうです。それだけ，インパクトの強い会計基準だ，ということなのでしょう。

5 投資有価証券残高

Check Point!
- 勘定明細の計算チェックをする！
- 勘定明細と総勘定元帳の金額の一致を確かめる！
- 実査が適正に実施されていることを確かめる！
- 預け有価証券に関する証券会社の預かり証はあるか？
- 時価評価は妥当なものか確かめる！
- 減損はきちんと実施されているか？
- 償却原価法はきちんと適用されているか？

【設例】

下記の残高明細をもとに，投資有価証券勘定をチェックしてみましょう。

【投資有価証券勘定明細書】

A 株 式	200,000
B 株 式	200,000
C 社 債	100,000
計	500,000

> 合計額の計算チェックをする！
> 総勘定元帳と一致していることを確かめる！

☑ 勘定明細の計算チェックをする！

☑ 勘定明細と総勘定元帳の金額の一致を確かめる！

　もう，説明は必要ないかもしれませんが，忘れずに計算チェックをまず，済ませましょう。

　総勘定元帳との一致も忘れずに確認しておきます。

☑ 実査が適正に実施されていることを確かめる！

　続いて実査です。有価証券についても株式等の有価証券現物を会社で保管している場合には，現金，棚卸資産，固定資産などと同様に現物をカウントすることができます。また，株式などの有価証券は現金ほどではありませんが，ある程度現物の動きがあるものですし，また固定資産のように簡単に移動ができないものではなく，簡単にもち出すことができます。そのため，できる限り決算ごとに実査を実施するべきです。有価証券の移動が少なく，実査するのが面倒な状況であれば，事務処理の簡素化及び紛失等の危険を回避するために，証券会社に預けるなどの措置をとったほうがよいと思います。また，有価証券の実査についても，その責任を明確にするために実査報告書を作成してください。フォームとしては，受取手形の実査報告書と同じような形式でよいと思います。具体的には，以下のような感じでしょうか。

第1章　貸借対照表（資産項目）

【投資有価証券勘定明細書】

A 株　式	200,000 ✓
B 株　式	200,000 ✓
C 社　債	100,000 ✓
計	500,000

実施者	承認者	部　長

実査日：平成16年9月30日

　受取手形の場合と同様にチェックマークが実物をカウントしたことを意味します。非常にシンプルですが，最低限，上記の表を作成しておくことで，勘定明細に記載されている株式等の有価証券の現物確認が実施され，その責任の所在が明確になっています。このようにして実査が実施され，その結果をきちんと実査報告書として，まとめられていれば，決算書をチェックする立場のあなたは，実査報告書と勘定明細が一致していることをきちんと確かめればよいわけです。

☑ 預け有価証券に関する証券会社の預かり証はあるか？

　上の実査の項でも少しふれましたが，会社はすべての有価証券を社内に保管しているわけではありません。取引関係で購入した株式などは短期的に売買をすることが予定されていないため，あえて現物を手許においておく必要はなく，証券会社等に預けている場合が多くあります。この場合には，証券会社等から必ず預かり証や，保管証明等の有価証券を預かっている事実を証明する資料を入手し，これと勘定明細が合致していることを確かめるようにしましょう。

また，現在では株式不発行制度を導入している会社も多くあります。この場合，そもそも株式という現物が発行されていません。通常，株式不発行に同意している旨を記載した同意書のようなものが株式発行会社から発行され，その書面には株式の種類，数などが記載されています。これをきちんと保管して，勘定明細と合致していることを確かめるようにします。

☑Check! 時価評価は妥当なものか確かめる！

　金融商品会計基準が導入されて以降，株式等の有価証券については時価評価されることになりました。いまでこそ当然のこととして捉えられていますが，当時としてはセンセーショナルなものでした。従来は評価損の計上は広く認められていたものの，評価益を計上する，という実務慣行がなかったからです。

　有価証券の区分などは，他の解説本が多数あること，また金融商品会計基準が導入されて一定年数が経過しており，実務的にもかなり浸透していることから，本書では詳しく説明しませんが，最低限のチェックポイントだけ説明しておきます。

　時価評価ですから，まず時価のある有価証券については，期末の時価を調べましょう。経理部門の担当者が決算日の日経新聞の株式欄を保管しておくことは常識だと思いますが，今はインターネット上でも株式等の時価を簡単にとることができます。必要に応じて利用してみてください。

　設例のうち，A株式が時価のある有価証券であったとしましょう。設例の勘定明細をみると，A株式は200,000円で計上されています。仮に当該株式を100株保有しているとします。逆算すると1株当たりの価額が2,000円と算定されますね。日経新聞やインターネットで調べたA株式の時価が2,000円であればOKです。ここで，A株式が売買目的有価証券であれば，評価損益は損益計算書に計上されます。また，その他の有価証券の場合には，税効果考慮後の金額が貸借対照表の資本の部に「その他有価証券評価差額金（財務諸表等規則の場合）もしくは，株式等評価差額金（商法施行規則の場合）」として計上されます。A株

式の取得価額を1,000円，そして税率を40％とした場合の両者の取扱いを簡単に表でまとめてみましょう。

種　　　類	売買目的有価証券	その他有価証券
定　　　義	短期的に売買を予定している有価証券。有価証券の売買そのものを商売としている場合	売買目的有価証券，満期保有目的有価証券（社債等を償還期限まで保有する場合等）以外の有価証券。一般の事業会社が保有する有価証券は大方，これに該当する。
時価評価にかかる会計処理	（借）売買目的有価証券　1,000 　　（貸）有価証券運用損益　1,000 （借）法人税等調整額　　400 　　（貸）繰延税金負債　　　400	（借）その他有価証券　　1,000 （貸）その他有価証券 　　　評価差額金　　　　600 　　　繰延税金負債　　　400

　上記では，税効果会計の適用を前提としています。これをみれば，売買目的有価証券は税効果も含めて損益に影響する一方で，その他有価証券は税効果を含めて損益に影響を与えない会計処理が要請されていることがお分かりになると思います。やはり，有価証券の含み益については，実現利益ではないことから，損益計算書に計上するべきではないという判断がなされたものと思われます。

☑ 減損はきちんと実施されているか？

　それでは，次にB株式が非上場株式であった場合のチェックポイントです。非上場会社株式の場合，時価がありません。そのため，時価評価をすることができません。したがって，決算期末においても特段の評価の必要がありません。ただし，減損を除いてです。減損処理は時価のない有価証券だけでなく，上で説明したその他有価証券などの時価のある有価証券にも適用されますので，まず減損処理の概要について簡単に表にまとめてみましょう。なお，売買目的有価証券は時価の変動に伴って評価損益が損益計算書に計上されますので，減損処理の対象となりません。減損処理の対象となるのは，通常の評価方法では含

み損が損益計算書に計上されない，その他有価証券や非上場株式などです。

種　　類	時価のある有価証券 （売買目的有価証券を除く）	時価のない有価証券
時価が取得価額と比較して50％以上下落した場合	減損必要	減損必要
時価が取得価額と比較して30％以上50％未満下落した場合	一定の社内ルールを設けて，減損の有無を決定する。要はこのカテゴリーに属した場合に減損処理をしない，と規定しておけば減損の必要はない。	減損不要
時価が取得価額と比較して30％未満下落した場合	減損不要	減損不要

　ここで，注意すべきは時価のない有価証券の時価は何を使えばよいか，という点です。日本語の問題ですが，時価のない有価証券に時価はありません。この場合，1株当たり純資産を使用します。計算方法はいたって簡単で，投資先の貸借対照表の資産の部の合計額を期末の発行済株式数で割ればOKです。仮に投資先の業績が悪く，損失を出しているような場合には，資本の部も減少していますので，1株当たり純資産を使うことにより，投資先の財政状態を反映した有価証券の評価が可能になるわけです。

　設例に戻りますとB社株式は非上場株式ですので，B社の直近の決算書を入手して，1株当たり純資産を計算してみましょう。これとB社株式の1株当たり取得価額を比較して，50％以上の下落がなければ，減損の必要はありません。

　もし，50％超下落しているようであれば，減損の必要があります。減損の場合の仕訳としては，

（借）投資有価証券評価損	××	（貸）投資有価証券	××

という処理になります。減損処理は経常的に発生するとは見込まれていませんので，臨時的な損失という意味で，原則として特別損失として計上されます。

☑ 償却原価法はきちんと適用されているか？

　続いて，C社債にいきましょう。これまで，A株式とB株式のチェックポイントの説明を通して，売買目的有価証券及びその他有価証券にかかるポイントを簡単に説明してきました。金融商品会計基準では，有価証券を大きく３つのカテゴリーに分類しており（厳密には，これら３つに加え子会社株式を１つのカテゴリーとしていますが，子会社株式は減損の問題さえ注意しておけば基本的なチェックは終わりですので，本書では有価証券のカテゴリーから外しています），すでに説明した売買目的有価証券及びその他有価証券以外のカテゴリーとしては，社債などを満期までの保有する意思をもって保有している有価証券があり，このような有価証券を満期保有目的の有価証券といいます。このような満期保有目的有価証券は，償却原価法を採用することになっています。例によって具体的な数値を使って説明してみましょう。なお，償却原価法は原則として利息法の採用が求められていますが，継続的に使用することを前提に簡便法として，定額法を採用することが認められていますので，本書では定額法の説明をすることとします。

　社債は，額面通りの価額で発行する平価発行，額面よりも高い価額で発行する打歩発行，そして額面よりも安い価額で発行する割引発行の３種類の発行形態がありますが，ここでは，割引発行の場合を取り上げます。

　たとえば額面100,000円の社債を90,000円で購入したとします。償還期限は５年間です。10,000円割引された部分は５年間保有することによって，満期に償還されます。これを一種の利息であるとするのが，金融商品会計基準の考え方です。ここで定額法の考え方によると，発行から１年経過後の決算日において，以下のような会計処理を行います。

（借）満期保有有価証券　2,000	（貸）社債利息　2,000	

　2,000は，割引部分10,000を償還期限の５年で割ったものです。このように

定額法では，償還期限にわたって均等に利息が発生したものとみなして処理をします。また，打歩発行（額面よりも高い金額で債券が発行されることをいいます）の場合は，これの逆仕訳をすればよいわけです。平価発行の場合には，特段の処理は必要ありません。なお，ここでは単純化のため省略していますが，クーポン部分（通常の利息部分ですね）の社債利息の会計処理が必要であることはいうまでもありません。

　設例に戻りますと，C社債は100,000で勘定明細に計上されていますから，これが上記のような償却原価法の適用結果であるか，もしくは当該社債が100,000円額面の平価発行であればOKということになります。満期保有目的有価証券の場合，満期まで保有していれば額面割れがないことから，売買目的有価証券やその他有価証券などが時価評価及び減損処理が必要とされているのに対し，そのような処理は原則として必要とされていないわけです。

第1章 貸借対照表（資産項目）

6 繰延税金資産残高

> **Check Point!**
> ● 税効果会計とは？
> ● 税効果会計のおさらい
> ● 繰延税金資産は将来の利益の先取り？
> ● 繰延税金資産の回収可能性とは？
> ● 勘定明細の計算チェックをする！
> ● 勘定明細と総勘定元帳の金額の一致を確かめる！
> ● 税務申告書等と数値をチェックする！

　本書ではまず，設例を挙げて解説を加えることとしていますが，繰延税金資産については，新聞紙上などの報道が必ずしも読者に理解しやすいとは思えないことから，まず繰延税金資産について概観したあとに設例の解説をすることとします。今までの説明と比較しても，専門的な説明が多くなりますので，一度で理解しようとせず，必要に応じて何度か読み返してみて下さい。

☑ 税効果会計とは？

　まず，ここでは税効果会計とは？という基本的なところからおさらいしていきたいと思います。最近，大手都銀の決算の季節になると必ずといっていいほど，「繰り延べ税金資産」の計上の可否をめぐりマスコミが大騒ぎしています。
　「監査法人が5年分の計上を認めなかったため，銀行が倒産した」だの，「繰越欠損金の有効期間が5年から7年に延長になったが，繰り延べ税金資産は5

年しか認められない，と日本公認会計士協会は発言している」さらには，「繰り延べ税金資産を監査法人が認めるのか，認めないのかによって会社が倒産するか，しないかが決まる時代になった。」などの記事です。

その他にもいろいろな記事が新聞紙上を賑わせています。世の中には税効果会計に関する解説書は相当数ありますので，税効果会計についての詳細な解説を本書で取りあげることはしませんが，決算書のチェックに入る前に税効果会計につき，簡単なおさらいと日頃，筆者が気になっていることについて説明をしていきます。

まず，最初にハッキリさせておきたいことがあります。表記方法についてですが，「繰り延べ税金資産」ではなく，「繰延税金資産」です。新聞等に記載される時に，よく「繰り延べ税金資産」と表記されていますが，「繰延税金資産」は財務諸表等規則にも明記されている勘定科目です。そんな細かいこといわなくっても……，という声が聞こえてきそうですが，たとえば「受け取り手形」って新聞に書いてあったら，ちょっと心配になりませんか？「こいつ，本当に分かってんのかな？」と思うのが普通ではないでしょうか。専門用語なのですから，やっぱり「受取手形」と書いてもらいたいですよね。これも財務諸表等規則に「受取手形」と明記されているのです。形から入るといわれようが，まず「繰り延べ税金資産」でなく，「繰延税金資産」と書くようにしましょう。条文でいいますと，財務諸表等規則をご覧になってみてください。ねっ，きちんと「繰延税金資産」って書いてありますよね。

さて，日本ではあまり表に出てきませんが，もちろん繰延税金負債もあります。これも「繰り延べ税金負債」ではなく「繰延税金負債」と表記するようにしてください。

☑ 税効果会計のおさらい
Check!

それでは，税効果会計について簡単におさらいしておきましょう。まず，税効果会計の前提として，日本（に限りませんが）では，会計上の利益と税務上の

第1章　貸借対照表（資産項目）

利益が異なる，という話からいきましょう。会計上の利益というのは，決算短信とか有価証券報告書とか商法計算書類で記載されている利益のことをいい，税務上の利益とは税務申告書上に記載されている利益のことをいいます。この税務上の利益のことを「課税所得」といいます。そして，日本では確定決算主義といってまず，会計上の利益を算定して，その後，必要な税務調整をしたうえで，課税所得を算定することになっています。ちょっとややこしいので，簡単に図で説明すると，以下のようになります。

会計上の利益の確定　⇒　税務調整（加算・減算）　⇒　税務上の所得の確定

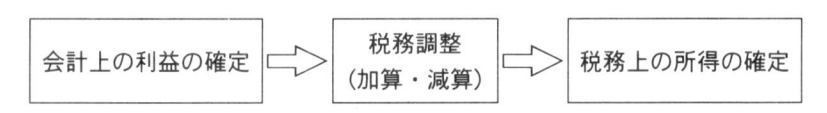

図をご覧いただければお分かりになると思いますが，税務調整項目が1つでも存在する会社であれば，会計上の利益と税務上の所得の間に差額が生じます。税金の計算は課税所得に税率を乗じて算定されますので，会計上，少し妙なことが起きてしまいます。具体的な数値を使って説明しましょう。

会計上の利益が100，税務調整が加算（会計上の利益に20プラスするという意味で，税務上の専門用語です。逆に会計上の利益からマイナスする場合は「減算」するといいます）で20，その結果，課税所得が120で，税率が40％であるとします。

この場合の損益計算書は以下のとおりとなります。

税引前当期純利益	100
法人税，住民税及び事業税	48……課税所得120（会計上の利益100
税引後当期純利益	52　　＋税務上の加算20）×40％

ここで法人税，住民税及び事業税と法人税等調整額の合計（以下，「法人税等費用」）を税引前当期純利益で除した比率を算出してみます。48÷100＝48％ですね。この比率を「表面税率」といいます。上でいっている40％の税率を実効税率としましょう。実効税率とは所得に対して，実質的に課税される比率のことをいいます。なぜ，表面税率と実効税率が8％も異なるのでしょうか。

結論からいいますと，この8％は税務調整加算分の20から生じています。たとえばこの20の加算が，貸倒引当金繰入超過額に起因することによるものであったとしましょう。貸倒引当金繰入額が税務上も損金として認められる要件は結構厳しいため，会計上，貸倒引当金繰入額を計上しても，税務上損金として認められない場合に，税務申告書上で加算されてしまうのです。特に，銀行における不良債権処理などはこのような理由で会計上，損失処理をしても税務上加算されてしまい，結果として税金を多く支払わなければならないことになります。銀行にとっては，泣きっ面に蜂ですね。そもそも，不良債権を償却するために，貸倒引当金繰入額を計上し，利益が減少します。これは致し方がないことです。また，この貸倒引当金繰入額の一部または全部が税務上，損金に算入することができず，会計上の利益から見た場合，大目の税金を支払わなければなりません。上の例でいうと，会計上の利益が100で税率が40％なのだから，100×40％＝40の税金を支払えば済むはずなのに，貸倒引当金繰入額20が税務上，損金不算入とされたため，この20と会計上の利益100の合計120に課税されるため，税金を48支払わなければいけないことになったわけです。これも皆さんの多くはご不満だと思いますが，法律で定められている以上，やむを得ません。しかし，会計上だけは，このような不均衡が何とかならないものだろうか，という観点から生まれたのが税効果会計なのです。

もう少し具体的に考えてみましょう。上の説明で税務上，損金不算入とされた貸倒引当金繰入額20は，仮に翌期に相手先が破産したような場合，翌期において損金に算入されます。翌期における会計上の利益が100，税務調整が上で説明した貸倒引当金繰入額損金算入額が減算で20しかない場合を想定すると，以下のような結果になります。なお，税率は40％のまま変更ないものとします。

税引前当期純利益	100
法人税，住民税及び事業税	32……課税所得（100－20）×40％
税引後当期純利益	68

これはこれで，表面税率が32％となってしまい，違和感がありますよね。どうも法人税，住民税及び事業税が期ズレしているように感じませんか？とはいっても，日本で税効果会計が導入される前は，ずっとこういう状況が続いていたのです。

そこで，税効果会計は法人税等費用にも発生主義の考え方を導入したのです。上の例でいうと，前期に加算された20に対して法人税等調整額8（加算20×税率40％）を設定します。相手勘定として繰延税金資産が計上されます。仕訳の形でいうと，

| （借）繰延税金資産 | 8 | （貸）法人税等調整額 | 8 |

という会計処理がされます。

次に，翌期においては貸倒引当金繰入額20が損金算入されていますので，法人税等費用の期ズレが解消されたと考えられることから，前期に計上した繰延税金資産を取り崩します。具体的には，

| （借）法人税等調整額 | 8 | （貸）繰延税金資産 | 8 |

という会計処理がされます。その結果，上で説明しました損益計算書はそれぞれ以下のとおりとなります。

【当期の損益計算書】

税引前当期純利益		100	
法人税，住民税及び事業税	48		……課税所得120×40％
法人税等調整額	△8	40	……加算20×40％
税引後当期純利益		60	

```
【翌期の損益計算書】
税引前当期純利益            100
法人税, 住民税及び事業税    32    ……課税所得（100−20）×40%
法人税等調整額               8    40……前期加算認容（当期減算）
税引後当期純利益                 60    20×40%
```

　このように，法人税等費用を発生主義でとらえることによって，会計上の利益と税務上の所得の差が法人税等費用に与える影響を会計技術で排除する方法のことを税効果会計といいます。

　かなり駆け足でしたが，税効果会計のおさらいをしてみました。いかがでしたでしょうか。本書では，説明不足だと感じられた方は市販の税効果会計のテキストをご一読されるとよいでしょう。かなりの数の解説書が出版されていますので，選ぶのに苦労するほどです。

　これまでの説明でお分かりかどうか微妙ですが，税効果会計適用の結果，繰延税金資産が計上される場合には利益側の法人税等費用の先取りをすることになります。具体的に上の設例を使って説明すると，当期に加算した20は税務計算上，翌期に認容され，法人税，住民税及び事業税のマイナス（20×40%＝8）として会計上も認識されるものを，税効果会計というテクニックを使って，当期に法人税等調整額という勘定を使って利益（正確には，法人税等費用のマイナス）を先取計上しているわけです。

　ここでは繰延税金資産についてのみふれていますが，先にも説明したように，繰延税金負債というものもあります。これは将来加算一時差異について税効果会計を適用した場合に計上されます。逆にいうと，繰延税金資産は将来減算一時差異について税効果会計を適用した場合に計上されます。実際のところ，日本における一時差異の多くは将来減算一時差異なのです。将来減算一時差異とはその名のとおり，発生年度ではなく，将来の年度において税務上，減算され

る一時差異のことをいいます。具体的には，貸倒引当金超過額，減価償却超過額などが将来減算一時差異に該当します。日本においては税務上，債務（費用）確定主義が採られており，会計上の費用は，税法が定めた方法もしくは，法的に確定したときに損金として認められることが原則となります。その一方で企業会計上は，発生主義といって債務もしくは負債を発生時にできるだけ計上することが求められています。たとえば，減価償却費を顕著な例として挙げることができます。あなたの会社でパソコンを買ったとします。あなたの会社はシステム開発を行っており，パソコンの使用頻度がとても高いので明らかに2年くらいしかパソコンを使用できません。しかし，税法上の法定耐用年数は4年です。そのため，4年使うことを前提に減価償却費を計上し，2年経過時点でそのパソコンが使えないため，捨てる（会計用語で除却する，といいます）時点で，残りの費用を税務上の損金とすることができるのです。一方で，会計上は実態にあった減価償却をすることが発生主義にかないますので，本来であれば2年間で減価償却するのが筋です。しかし，減価償却費のような見積もりをともなう会計処理の場合（この例でいうと，本当にパソコンが2年間しか使用できないという事実を事前に立証するのが難しい）には，税務の処理にしたがっている場合がほとんどです。

☑ 繰延税金資産は将来の利益の先取り？
Check!

　話を元に戻しつつ，まとめますと日本においては将来減算一時差異がほとんどであり，この将来減算一時差異に税効果会計を適用すると繰延税金資産が計上されることになります。そして，繰延税金資産を計上するということは，すなわち将来の利益（法人税等費用のマイナス）を先取計上することになるのです。

　ここで大切なことは，将来，業績が悪化した結果，課税所得がマイナスとなり，法人税，住民税及び事業税を払わなくてよくなった場合（実際には課税所得がマイナスになった場合でも，住民税均等割などの支払が発生することはありますが，ここでは省略します）のことです。先にも述べましたとおり，繰延税金資産を計

上するということは，すなわち将来の利益の先取りをすることになります。ここでいう将来の利益とは，より正確にいうと将来の法人税等費用のマイナスです。そもそも将来の法人税等費用が発生しない場合には，そのマイナスを先取りすることはできません。簡単な数値例を使って説明してみます。

　上の例を同じ数値を使ってみます。当期，将来減算一時差異が20あったとします（実効税率は40％とします）。これに税効果会計を適用した結果，繰延税金資産8が計上されます。翌期に利益が出て課税所得があれば何の問題もありません。上の設例どおりで話は終わりです。

　問題は翌期に利益が出なかった場合です。上の例で翌期に利益が出なかった場合の損益計算書は以下のとおりとなります。

税引前当期純利益	0	
法人税，住民税及び事業税	0	……課税所得（0－20）×40％
法人税等調整額	8	8……前期加算認容（当期減算）
税引後当期純利益	△8	20×40％

　法人税，住民税及び事業税は上の計算結果ですと，△8となりますが，一度支払った税金は，翌期の課税所得がゼロだからといって返ってくるわけではありませんので，法人税等費用は0になります。すると，法人税等調整額が8発生している結果，翌期の法人税等費用は8となります。しかし，当期に課税所得がないことから，法人税等費用はないはずです。別のいい方をすると，前期に先取計上した利益(翌期の法人税等費用のマイナスの先取り)を計上したことがおかしい，ということができるのです。それでは，前期に将来の利益を先取計上しなかった場合の損益計算書を見てみましょう。

【当期の損益計算書】

税引前当期純利益		100
法人税,住民税及び事業税	48	……課税所得120×40%
法人税等調整額	0	48
税引後当期純利益		52

【翌期の損益計算書】

税引前当期純利益		0
法人税,住民税及び事業税	0	
法人税等調整額	0	0
税引後当期純利益		0

　このようにすれば，課税所得の発生していない翌期の法人税等費用が発生しないため，問題ありません。ただし前期の表面税率が52%となってしまい，法人税等費用に発生主義を適用しようとした税効果会計の議論がスタートに戻ってしまいます。詳しくは未払法人税等の項目で説明しますが，税効果会計を導入したとしても必ずしも，表面税率は実効税率と一致しません。このように翌期以降，業績が悪化して，課税所得が発生しない（もしくは計上した繰延税金資産を十分にカバーするほどの課税所得が発生しない）場合において，繰延税金資産を計上できないこともありうるのです。その結果，表面税率が実効税率と一致しない原因となることがありうるのです。

　非常に大切なことなので図でまとめておきましょう。

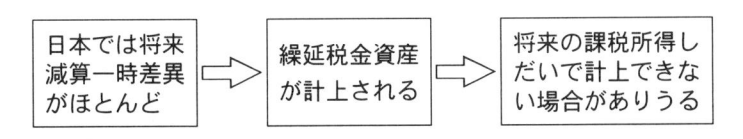

日本では将来減算一時差異がほとんど → 繰延税金資産が計上される → 将来の課税所得しだいで計上できない場合がありうる

このような話を一般に,「繰延税金資産の回収可能性」の問題といいます。これがよく新聞紙上で騒がれている,繰延税金資産を3年分認めるのか,5年分認めるのか,という議論のスタートになります。ちなみに繰延税金資産の回収可能性がある場合には,繰延税金資産を計上することができ,回収可能性がない場合には繰延税金資産を計上できない,という関係になっています。

☑ 繰延税金資産の回収可能性とは？

簡単にいってしまえば,儲かっている会社については繰延税金資産の回収可能性が問題になることはありません。問題となるのはあまり儲かっていない会社の場合です。ではその前に繰延税金資産の回収可能性についての一般論をまとめておきましょう。

いろいろと理屈はあるのですが,多くの場合,「繰延税金資産の回収可能性の判断に関する監査上の取扱い」5　将来年度の課税所得の見積額による繰延税金負債の回収可能性の判断指針のどのカテゴリーに入るかの判断が重要となります。

それでは,上記の条項の内容を簡単にまとめてみましょう。

カテゴリー	カテゴライズされる要件	繰延税金資産の回収可能性
① 期末における将来減算一時差異を十分に上回る課税所得を毎期計上している会社	当期及びおおむね過去3年間以上,期末における将来減算一時差異を十分に上回る課税所得を毎期計上していて,その経営状況に著しい変化がない場合	将来減算一時差異全額について回収可能性あるものとする。
② 業績は安定しているが,期末における将来減算一時差異を十分に上回るほどの課税所得がない会社	当期及びおおむね過去3年間以上連続してある程度の経常的な利益を計上しているような会社	スケジューリング可能な将来減算一時差異については回収可能性あるものとする。退職給付引当金や建物の減価償却超過額に係る将来減算一時差異のように,スケジューリングの結果,その解消年度が長期と

第1章 貸借対照表（資産項目）

		なる将来減算一時差異（以下，「長期解消将来減算一時差異」）についても回収可能性あり。
③ 業績が不安定であり，期末における将来減算一時差異を十分に上回るほどの課税所得がない会社等	過去の経常的な損益が大きく増減しているような会社	おおむね5年以内の課税所得の見積額を限度として，スケジューリング可能な将来減算一時差異については回収可能性あるものとする。長期解消将来減算一時差異についてはおおむね5年以内の期間にかかわらず回収可能性を判断する。
④ 重要な税務上の繰越欠損金が存在する会社等	期末において重要な税務上の繰越欠損金がある会社，もしくはおおむね3年以内に重要な税務上の繰越欠損金繰越期限切れとなった事実がある。また，過去の経常的な利益水準を大きく上回る将来減算一時差異が期末に存在し，翌期末において重要な税務上の繰越欠損金の発生が見込まれる会社	翌期に課税所得の発生が確実に見込まれる場合で，かつ，その範囲内で翌期においてスケジューリングできる将来減算一時差異については回収可能性がある。
⑤ 重要な税務上の繰越欠損金が存在する会社等で，その発生等が特別な原因による場合	④に該当するが，その発生が事業のリストラクチャリングや法令の改正などによる非経常的な特別の原因により発生している場合で，それを除けば課税所得を毎期計上している会社	おおむね5年以内の課税所得の見積額を限度として，スケジューリング可能な将来減算一時差異については回収可能性あるものとする。長期解消将来減算一時差異についてはおおむね5年以内の期間にかかわらず回収可能性を判断する。
⑥ 過去連続して重要な繰越欠損金を計上している会社等	おおむね3年以上連続して重要な税務上の繰越欠損金を計上している会社で，かつ，当期も重要な税務上の繰越欠損金の計上が見込まれる会社 債務超過の状況にある会社や資本の欠損の状況が長期にわたっている会社で，かつ短期間に当該状況の解消が見込まれない会社	原則として回収可能性はない。

原文では，ズラズラと文章が並んでおりとても読みにくい部分ですが，表にすると少しは読みやすくなったのではないでしょうか？とはいってもなかなか理解しにくいところなので，順番に説明していきましょう。

　それでは，「①期末における将来減算一時差異を十分に上回る課税所得を毎期計上している会社」からいきましょう。これについては繰延税金資産の回収可能性について特別問題となることはありません。細かいこといわなくとも，儲かってんだから大丈夫でしょ，という会社です。あえて具体的に説明するとすれば，期末における将来減算一時差異が20あるが，毎年20以上の課税所得をずっと計上しているような会社のことを指しています。将来減算一時差異は発生の翌年にすべて解消するわけではありません。しかし，①にカテゴライズされる会社については，仮に翌期にすべての将来減算一時差異が解消，いいかえれば課税所得から減算されたとしても，そのすべてを税金の支払から減少させることができるのです。特に問題がないので，次にいきましょう。

　次に，「②業績は安定しているが，期末における将来減算一時差異を十分に上回るほどの課税所得がない会社」です。具体的な数値を使ってみます。毎期，安定的な利益を計上し，その結果，毎期50の課税所得を計上してはいるが，期末における将来減算一時差異が100あるような会社の場合です。この場合，利益計画等を元にした課税所得の予測，そして将来減算一時差異の解消スケジュールを見込んで（このような作業をスケジューリングといいます），回収可能だと判断された場合には繰延税金資産が計上されることになります。しかし，退職給付引当金や建物の減価償却超過額に係る将来減算一時差異のように，スケジューリングの結果，その解消年度が長期となる将来減算一時差異（以下，「長期解消将来減算一時差異」）についても回収可能性があるものと規定されています。

　上の数値例でいえば将来減算一時差異のうち，50が長期解消減算一時差異であれば，残りの50も問題なく繰延税金資産を計上することができることになります。特に退職給付会計基準導入後，会計上の退職給付引当金残高が大幅に増加する一方，税務上は原則として退職給付引当金の計上を認めていないため（会

計上、計上されている退職給付引当金は税務上、加算される)、退職給付引当金に係る将来減算一時差異が多額にのぼります。そのため、②にカテゴライズされる会社であれば、大方の繰延税金資産を計上することができ、この場合も大きな問題はおこりません。なお、スケジューリングの具体的な方法については、下記の③にカテゴライズされる会社の項で説明します。

続いて、「③業績が不安定であり、期末における将来減算一時差異を十分に上回るほどの課税所得がない会社等」について説明します。結論からいって、この③にカテゴライズされる場合が一番、問題になります。

具体的には、過去の経常的な損益が大きく増減しているような会社については、おおむね5年以内の課税所得の見積額を限度として、スケジューリング可能な将来減算一時差異については回収可能性あるものとする、とされています。

また、長期解消将来減算一時差異についてはおおむね5年以内の期間にかかわらず回収可能性を判断する、と規定されています。

ここではじめて、5年間認めるのかどうかという問題が発生してくるのです。繰延税金資産の計上の可否について、新聞紙上を賑わせている銀行などは大方、この③にカテゴライズされてくるはずです。③にカテゴライズされる会社は、表中にも定義されているように、「過去の経常的な損益が大きく増減しているような会社」です。分かりやすくいいかえれば、経常損益が大幅に増減している、さらにいえば儲かっている年もあれば、大幅に赤字を出している年もあるような会社です。銀行は株式市場の相場によって大きく業績が左右されることもあり、多くの場合、この定義に当てはまってくると思われます。

それでは、具体的にこのような会社はどのようなステップを踏んで繰延税金資産の回収可能性を判断するのでしょうか。規定では、「おおむね5年以内の課税所得の見積額を限度として、スケジューリング可能な将来減算一時差異については回収可能性あるものとする」とされています。この要件を分析すると、

> ① 5年以内の課税所得の見積額が限度
> ② スケジューリング可能な将来減算一時差異

の2種類に分けられます。

　それでは、①の「5年以内の課税所得の見積額が限度」から具体的に説明しましょう。まず、5年以内の課税所得ですが、課税所得の前提として利益計画が策定されていることが前提です。今後5年間の利益計画というと、中期経営計画（「中計（ちゅうけい）」と省略されることが多いので、以下「中計」）を使用するしかありませんが、中計では税引前利益まで算定していないことが多いでしょう。ここでは、中経で目標営業利益まで策定されていることを前提に5年以内の課税所得の見積額を算定しましょう。例によって、具体的な数値をもって説明してみます。もし、③にカテゴライズされ、繰延税金資産の回収可能性を検討する必要がある会社で、中計を策定していないような場合には、まず中計の策定をする必要があります。

　それでは、中計が策定されているとして、今後5年間の営業利益が毎年50であったとします。通常、毎年の目標営業利益が同額であるということは考えられませんが、ここでは説明の便宜のために毎年同額であると仮定します。次に発生が予想される営業外損益、特別損益項目を見込みます。営業外損益、特別損益とも経常的に発生するものではないので、営業利益以上に想定が難しいものです。しかし、支払利息については、資金計画で借入金残高を見込んでいれば予想できますし、固定資産の除却・売却なども設備計画を策定していればある程度予想は可能です。いずれにしても、現時点で予想される営業外損益、特別損益項目を見込んでおきます。　なお、翌年の利益計画は中計とは別に予算を組んでいるでしょうから、こちらを利用しましょう。その際、翌年度の予算と中計の翌年度の数値が整合していることを確認しておきましょう。また、中計は翌年度以降、実績や経営環境の変動を考慮して、随時修正をしていくのがベターです。

　続いて、税務上の加減算項目を見込みます。ただし、金額的なインパクトの

大きいものに限ってよいでしょう。たとえば，税務上，退職給付引当金の計上がまったく認められなくなったことから，税務上の退職給与引当金を毎年加算します。税務上の退職給付引当金残高が多額に上る会社は，これを考慮しないわけにいきません。その他いろいろな項目が考えられますが，税務上の加減算項目は会社によって多種多様であることから，本書ですべてを網羅することはできません。そこで，読者の皆さんが過去の税務申告書等を参照して，これから将来5年間の課税所得を見積もる際に必要な加減算項目を洗い出してください。そして，ここで洗い出された加減算項目を加味すると将来5年間の課税所得の見積額を算定することができます。ここまでのプロセスを表でまとめてみますと以下のようになります。なお，表中の数値は仮定のものです。

	1年目	2年目	3年目	4年目	5年目
営業利益	50	50	50	50	50
営業外損益	△10	△10	△10	△10	△10
特別損益	△10	0	0	0	0
税引前利益	30	40	40	40	40
加減算項目	10	10	5	5	5
課税所得	40	50	45	45	45

5年間の課税所得合計　225

このように算定された5年間の課税所得合計225が，スタートになります。

ここまでで使用した中計などの利益計画，そして，課税所得の見積もりについては，取締役会決議を経るようにするのがベターです。

なぜなら，ここでの作業はすべて将来の見積もりだからです。必ずしもそのとおりに事が進むとは限りません。というより，むしろ計画通りに事が進まないことが通常でしょう。計画立ててそのとおりにいけば，みんなやりますよね。

では，計画通りにいかなかった場合，社長をはじめとする役員はどのように対処すればよいのでしょうか？日本的な感覚でいうと，責任をとって辞めろ，

ということになるのでしょうが，私は少し違うと思っています。もちろん，適当なことをやり続けて会社を傾けてしまった役員には辞めてもらう必要がありますが，できる限りの努力をし，与えられた状況下で最善の意思決定をしたとしても，見込み通りの利益がでないことだってありえるのです。要は，利益計画なら，その策定時点でベストの見積もりをしたことを適法な形で文書化しておく必要があるのです。そして，仮に予定通りいかなかった場合にも原因をきちんと分析して，文書化しておくのです。ここまできちんと分析ができていれば，将来に向けての対策も具体的に立案できることでしょう。日本では，一部の大手企業を除いて，ドキュメンテーション（つまり文書化ですね）が非常に不足しています。たしかに時間はかかるのですが，相手先がお得意さんであれ，仕入先であれ，はたまた従業員であれ，何かでもめた場合には必ずいったいわないの不毛な争いになってしまいます。はっきりいって時間の無駄ですので，こういった無駄を事前に少しでも抑えるためドキュメンテーションを徹底しましょう。そしてドキュメンテーションは簡潔・明瞭をモットーとしてください。ここまできちんと対応できている役員であれば，必ずしも業績悪化の責任をとって辞職する必要はないと思うのです。

具体的に，中計や利益計画を策定した前提条件，その数値の責任の所在を明確にしておきましょう。事業部制を導入している会社であれば，事業部別に利益計画を策定しておくのです。もちろん，各事業部別の目標利益に関する最終責任者は各事業部長になります。こういった内容まで取締役会で承認決議する必要はないと思いますが，すべてきちんとドキュメンテーションはしておきましょう。

ここまで，きちんとした手続を踏んだとしても，最大の問題がここで生じてしまいます。その問題は5年も先のことなんて本当に予測できるのか？という問題です。たしかに，企業内部の責任問題としては，きちんとしたドキュメンテーションをすることで解決できます。結果責任だけを問わなければいいわけです。そのために取締役の職務執行を監督する，監査役もいるわけですから。

しかし，貸借対照表を構成する繰延税金資産を計上する際の根拠としては，達成できるかどうか分からない利益計画を使えるんだろうか？という問題が生じてくるわけです。

そこではじめて，監査法人の見解によって5年満額認めましょう，とかいや3年間しか認められません，というような議論が出てくるのです。まさに，りそな銀行では，2つの監査法人で異なった見解が出たといわれています。結論からいうと，5年間の利益計画をもとにして繰延税金資産を計上することは難しいと思います。自分の胸に手を当ててよ～く考えてみてください。本当に現時点で予測した5年後の利益計画がその通り達成できると思いますか？それどころか，翌年度の予算の達成可能性だって決して高くないのだと思います。現在は，同じことをコツコツとやっていれば一定の成長が見込める時代ではありません。常に革新を追求してナンボの時代です。そんな時代，5年先なんてはっきりいって予測できたもんではないと思います。そこで日本的な考えで間をとって3年間は認めましょう，というのが大方の結論になっているわけです。

また，これまで5年間とされていた税務上の繰越欠損金の繰越期間が7年間に延長されました。税務上，欠損が出た場合，いいかえると課税所得がマイナスになった場合，その後5年間の間に生じた課税所得と相殺できていたものが，今後7年間に延長されたわけです。具体的に数値を使ってみましょう。

当期，課税所得がマイナス100（これを税務上の繰越欠損金が100生じたといいます）になってしまったとします。来期，仮に100の課税所得が出たとすると，来期の課税所得の100マイナス前期発生の税務上の繰越欠損金100の結果，0をベースに税金計算がされます。もちろん，来期に法人税，住民税及び事業税は0になります（前にも述べましたが，住民税均等割等についてはここではないものとします）。というように，課税所得の計算上，損失の繰越が認められているのです。

しかも，これまで5年間しか認められていなかった繰越期間が7年間に延長されることになったわけです。

さらに，このような税務上の繰越欠損金はいわゆる将来減算一時差異ではありませんが，将来の法人税等費用の支出のマイナス効果を有しているため，繰

延税金資産の計上対象となっているのです。そこで，従来は5年間までしか認めていなかった繰延税金資産を，繰越欠損金の繰越期間を7年間に延期する税法の改正にともない，7年間に延期する必要はないのか，という疑問に日本公認会計士協会は，7年間という長い期間の利益計画を適正に見積もることは極めて困難であると考えられることから，5年間に限り繰延税金資産の計上を認める，という規定を変更するつもりはない旨の回答をしたわけです。ただし通常の読者が新聞報道を見る限り，繰延税金資産って5年間分しか認められないんだ，としか読み取れなかったと思います。だいたい，5年分とは何の5年分なのか（この本の読者はもちろんお分かりだと思いますが，今後5年間の課税所得ですね）ということさえ分かりません。そして，あくまで5年間の議論というのは，上のカテゴリーでいう，「③業績が不安定であり，期末における将来減算一時差異を十分に上回るほどの課税所得がない会社等」と「⑤重要な税務上の繰越欠損金が存在する会社等で，その発生等が特別な原因による場合」に限った話であり，それ以外のカテゴリーに入る会社は5年間の課税所得の範囲内なんて議論はそもそも生じないのです。こういうことをきちんと説明しているメディアはなぜかとても少ないので，よく理解しておいてほしいと思います。

　素朴な疑問ですが，医者とか弁護士って報道番組にもよく登場してこのあたりをきちんと説明してくれますよね。どうして会計士ってこういうことをしないんでしょうか。今までは注目度も低かったから，お呼びもかからなかったのでしょうが，今は毎日のように新聞やテレビのニュースで会計や監査に関係するニュースが報道されているのですから，少しはアピールも必要だと思っているのですが……。だから，いつまでたっても「繰り延べ税金」が直らないんだと思っています。

　ここで，何年分の課税所得の範囲内で繰延税金資産を計上するかどうかというのは，とても重要な問題です。なぜならば，将来において法人税等費用の支出のマイナス効果のない将来減算一時差異について繰延税金資産を計上することは，その分，法人税等調整額という利益を計上することとなり，ひいては資

本の部の過大計上となります。まさに粉飾決算です。税効果会計という会計技術は認められていますが，その結果計上できる繰延税金資産というのは将来，法人税等費用の支出のマイナス効果があるものに限られています。これを超えたものを資産として計上するのは，粉飾そのものです。

　ここで，繰延税金資産を計上することが，なぜ資本の部を増やすことにつながるのかについて図で説明しておきます。

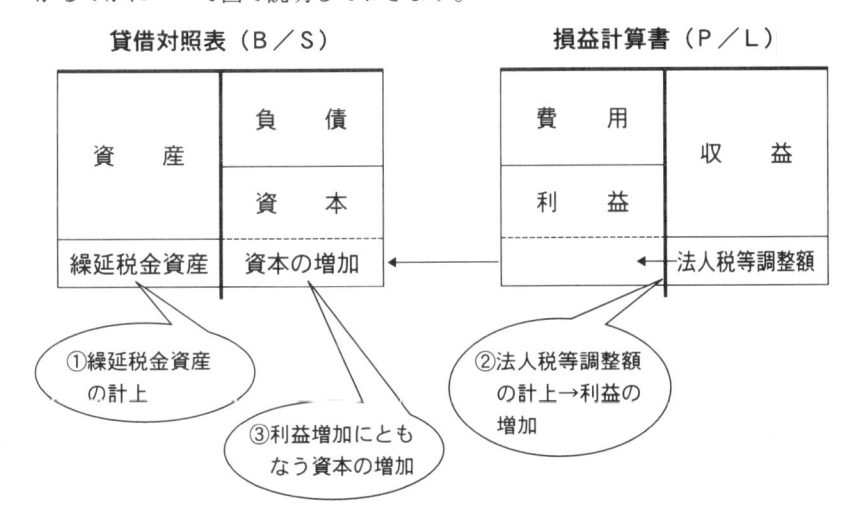

貸借対照表（B／S）

資　産	負　債
	資　本
繰延税金資産	資本の増加

損益計算書（P／L）

費　用	収　益
利　益	
	法人税等調整額

①繰延税金資産の計上
②法人税等調整額の計上→利益の増加
③利益増加にともなう資本の増加

　図にすれば特に問題ないと思います。意外と分かりづらいところですので，あえて図にしてみました。

　それでは，話を元に戻します。①「5年以内の課税所得の見積額が限度」を説明しましたので，次は②「スケジューリング可能な将来減算一時差異」について説明していきます。

　税効果会計のうちで，いいたいことは分かるけど，実際どうすればいいの？と思うのが，この「スケジューリング」というものです。このスケジューリングについては，「繰延税金資産の回収可能性の判断に関する監査上の取扱い」に規定されています。しかし，この文章はおそらく会計の専門家でない限り理解不能なので，本書では記載しません。そこで，誤解をおそれずに簡潔に説明しましょう。当期計上した繰延税金資産の発生原因となった将来減算一時差異

がいつ解消予定であるかを，上で作成した将来の課税所得見積額の表に記入していけばよいのです。

　ここで問題になるのは，たとえば投資有価証券を減損処理した場合に発生する，投資有価証券評価損です。これは当該有価証券を外部に売却，もしくは投資先が倒産するなどの状況が発生した場合に税務上，損金として認容されますから，こういった事象が予定されていなければ，いつ損金として認容されるか分かりませんよね？こういった，いつ損金として認容されるかどうか不明なものを「スケジューリング不能一時差異」といいます。ただし，このスケジューリング不能一時差異は原則として，①「期末における将来減算一時差異を十分に上回る課税所得を毎期計上している会社」でしか，繰延税金資産を計上できません。 しかし，よほどのことがない限り税務上の含み損を抱えた有価証券を法人税等費用の節約効果が期待できない会計期間に売却するような会社はないはずです。そこで，たとえば5年目などに売却する予定をいれておけばよいでしょう。 もし，5年目までに売却するタイミングがなければ，延長すればよいだけの話です。最終的に，きちんと法人税等費用の節約効果があれば，繰延税金資産は回収できるわけですから問題はありません。これらのスケジューリングの結果についても，取締役会などで承認を得るなどの方法で，きちんとドキュメンテーションしておきましょう。参考までに将来のスケジューリングを加筆した表は以下のようになります。

	1年目	2年目	3年目	4年目	5年目
営業利益	50	50	50	50	50
営業外損益	△10	△10	△10	△10	△10
特別損益	△10	0	0	0	0
税引前利益	30	40	40	40	40
加減算項目	10	10	5	5	5
課税所得	40	50	45	45	45
スケジューリング	30	40	35	40	100

なお，スケジューリングは将来減算一時差異と将来加算一時差異をネットして行います。日本の税制上では，ネットした結果は大方，将来減算一時差異となりますので，上の表ではこれを前提にネット後の将来減算一時差異を記載しています。ここで，上の表をみると4年目までは課税所得の見積額がスケジューリングされた将来減算一時差異を上回っていますので，繰延税金資産の回収可能性があると判断できます。しかし，5年目は有価証券の売却を予定していることもあり，スケジューリングされた将来減算一時差異が100と少し大目に見積もられており，課税所得の見積額45を上回ってしまっています。このような場合には100－45＝55については，繰延税金資産の回収可能性がないと判断され，結果として繰延税金資産を計上できないということになります。

以上のような流れの結果，将来の課税所得の予測（5年間分）およびスケジューリングの結果をもって，「③業績が不安定であり，期末における将来減算一時差異を十分に上回るほどの課税所得がない会社等」の繰延税金資産の回収可能性を判断します。上の表で具体的にいえば，5年間の課税所得の合計225を限度として，上に記載したとおり5年目の55については，繰延税金資産の回収可能性がないものと判断されているわけですから，限度額225から55を控除した170を繰延税金資産として計上できるわけです。

ここでは，「③業績が不安定であり，期末における将来減算一時差異を十分に上回るほどの課税所得がない会社等」で繰延税金資産の計上が許されている最大5年間の課税所得の範囲内で繰延税金資産を計上しています。しかし，ここで問題となるのが，先にも述べましたように，最大5年間の繰延税金資産の計上が本当に認められるのか否かです。この場合，会社の交渉先は監査報告書を作成する，監査法人，もしくは公認会計士となります（以下，「監査法人等」）。

監査法人等は，利益計画等の妥当性についても判断をしますが，実質的な内容までの判断は通常できません。それは，財務諸表の作成責任はあくまで会社にあり，監査法人等はあくまで，財務諸表に重要な虚偽記載がないことにつき保証を与えるという，いわゆる「二重責任の原則」があるからです。そのため，これまで説明をしてきました，利益計画にはじまる繰延税金資産の回収可

能性の検討を，監査法人等は妥当な方法によって作成されたものであるか，否かを判断します。もちろん，仮に裁判になった時のことを考えて，監査法人等からはこれらに関する書面の提出を求めてくるはずです。ここで，監査法人等に認められる繰延税金資産の回収に関する検討のポイントを簡単にまとめてみます。

- **前提となっている利益計画は妥当なものか？**
  → そもそも，業績が不安定な会社なのに，新規事業の拡大などの積極的な根拠なしに，右肩上がりのシナリオを描いていないか？
- **取締役会決議などを経た会社としてのメッセージになっているか？**
  → 繰延税金資産というと，経理プロパーの問題と考えがちだが，利益計画を含めた会社としての将来予測を多分に含むため，最終的には社長の判断が必要となる。これを書面上で残しておくには，取締役会で承認し，取締役会議事録にその旨をきちんとドキュメンテーションしておく必要がある。

いい方は悪いようですが，監査法人の先生が「YES」といえるような環境を会社から作ってあげればいいのです。ただし，本当はまったく見込みのない利益計画をもとに，資料だけお化粧したとしたらどうなるでしょう？ものすごくよくできたお化粧であれば，1回は通用するかもしれません。しかし，1年経ってしまえばお化粧した利益計画の数値に全然到達せず，絵に描いた餅であったことがすぐばれてしまいますよね。お化粧をしても所詮1年間の延命措置に終わるだけです。また，監査法人等に提出した資料等が不正なものであると判明した暁には，取締役が責任を負うことになります。粉飾決算は延命措置に過ぎません。だからこそ，正しい数値を使って，正しい意見を主張して，正しい繰延税金資産を計上しましょう。これまでみてきましたように繰延税金資産は将来の見積もりの塊のようなものですから，しっかりとした根拠をしっかりとドキュメンテーションしたうえで計上してください。これが経理部長や社

第1章 貸借対照表（資産項目）

長である、あなたの身を守ることにもつながるのです。

続いて、「③業績が不安定であり、期末における将来減算一時差異を十分に上回るほどの課税所得がない会社等」における長期解消将来減算一時差異の取扱いについて述べます。結論からいって、長期解消将来減算一時差異についてはおおむね5年以内の期間にかかわらず回収可能性を判断する、とされています。そのため、上記の表で策定したようなスケジューリングを5年以内に限る必要はありません。しかし、あくまでも業績が不安定な会社である以上、繰延税金資産の回収可能性を判断するに当たっては、それなりの根拠を持っておく必要があります。たとえば退職給与引当金繰入超過額などは10年後、20年後の従業員の退職時に、実際に税務上、減算され、法人税等費用の減少効果を生じるわけですから、その時点で一定の課税所得を見込んでいれば回収可能性はあるものと判断できると思われます。ただし、長期解消将来減算一時差異以外の将来減算一時差異については、あくまでも5年間の課税所得を限度としていますので、これを超過した多額の繰延税金資産を計上することは難しいように思います。

そうはいいましても、例でも挙げました退職給与引当金繰入限度超過額は毎年、多額に発生するわけではありませんので、たとえば将来にわたって課税所得が最低20は発生する状況で、平均で見積もった場合の退職給与引当金繰入限度超過額が毎年5程度であれば、おそらくは繰延税金資産の回収可能性はあるものと判断できると思います。ただし、これについてもきちんとしたドキュメンテーションをしたうえで、取締役会決議等を経ておくようにしてください。このあたりは、各種基準でもグレーな書き方をしている部分ですので、本書の説明も少しグレーがかってしまっています。しかし、明確な基準がないからこそ、会社としてきちんとした対応をとることで、その回収可能性が認められる可能性が高い領域ではないかと考えています。監査法人等はあくまで、会社の繰延税金資産の計上方針が妥当なものかどうかを判断します。自社の意見を持たずに、「いかがでしょうか。当社としては、できる限り繰延税金資産を計上

したいのですが……。」なんて，相談したってダメです。彼らは自分で繰延税金資産を計上する根拠を作ることは（少なくとも建前上）できませんので，きちんとした社内手続を踏んだ自社の意見を持って交渉をする必要があるのです。

　それでは，続いて「④重要な税務上の繰越欠損金が存在する会社等」について説明していきましょう。具体的には，このカテゴリーに入るのは，期末において重要な税務上の繰越欠損金がある会社，もしくはおおむね3年以内に重要な税務上の繰越欠損金繰越期限切れとなった事実がある会社，または，過去の経常的な利益水準を大きく上回る将来減算一時差異が期末に存在し，翌期末において重要な税務上の繰越欠損金の発生が見込まれる会社です。そして，これらの会社につきましては，翌期に課税所得の発生が確実に見込まれる場合で，かつ，その範囲内で翌期においてスケジューリングできる将来減算一時差異については回収可能性がある，とされています。

　例によって，要件を分析してみましょう。

- 翌期の課税所得が確実に見込まれる場合に，
- その課税所得の範囲内で，
- 翌期においてスケジューリングできる将来減算一時差異について

のみ，繰延税金資産を計上することができるとされています。それでは，ひとつずつ具体的に説明していきましょう。

　まず，「翌期の課税所得が確実に見込まれる場合」からいきましょう。これは，③「業績が不安定であり，期末における将来減算一時差異を十分に上回るほどの課税所得がない会社等」で5年間の課税所得の範囲内に制限されていた繰延税金資産の計上範囲が，今度は翌年の課税所得の範囲内にさらに制限されています。まあ，仕方がないかもしれませんね。なにしろ，期末において重要な繰越欠損金がある会社ということは，重要な赤字が生じている会社ってことですから。重要っていうと響きは少しいいですが，ぶっちゃけた話，多額の赤字がある会社のことです。来期，よほど見込みのある新規顧客を獲得するとか，新

規事業に進出するといったような事象でもなければ，来期の利益は見込めないでしょう。

　また，その他，この④にカテゴライズされる会社といえば，おおむね3年以内に重要な税務上の繰越欠損金繰越期限切れとなった会社，具体的な数値を使って説明してみますと，税務上，課税所得がマイナス（赤字）100になったとします。このように課税所得がマイナスになったことを税務上の繰越欠損金が生じた，といいます。この繰越欠損金は7年間（従来は5年間）繰越が認められています。すなわち，100の税務上の繰越欠損金が生じた翌期以降，課税所得が生じれば，過去に発生した繰越欠損金と相殺することができるのです。たとえば，翌年に30，翌々年に40の課税所得が出たとします。過去に繰越欠損金100が生じていますから，翌年の30，翌々年の40は繰越欠損金と相殺され，翌年と翌々年の課税所得はゼロとなり，繰越欠損金が30残っているという状況なわけです。こういった繰越欠損金を7年間（従来は5年間）経っても使い切れずに時間切れとなったことがある，というのが繰越欠損金の繰越期限が切れた状態です。過去3年間にこんなことがあった会社は，期末において重要な繰越欠損金がある会社と同様の取扱いを受けることになります。

　また，過去の経常的な利益水準を大幅に上回る将来減算一時差異が期末に存在し，翌期末において重要な税務上の繰越欠損金の発生が見込まれる場合にも，同様の取扱いを受けることになります。これについても具体的な数値を使って説明してみます。従来は，ある程度の経常利益，たとえば50前後を計上し，その結果，平均して課税所得80前後を計上していたとしましょう。この場合，たとえば投資有価証券の多額な減損処理が生じた結果，当期に限って200の将来減算一時差異が生じたとします。かつ，翌期は業績悪化にともない，赤字決算，その結果，税務上の繰越欠損金を計上する予定であるような場合です。この場合には，税務上の繰越欠損金が存在する会社と同様に取り扱うこととする，とされています。すなわち，「翌期に課税所得の発生が確実に見込まれる場合で，かつ，その範囲内でスケジューリングできる将来減算一時差異については，回収可能性がある」とされています。うん？何かおかしくありませんか？だって，

翌期は赤字が予想されているんですよ。結論からいいますと、翌期に課税所得が発生する見込みがないので、繰延税金資産を計上することができない、ということになります。ちょっと、基準の規定の方法が分かりにくいところではありますよね。

続いて、「その課税所得の範囲内」と「翌期においてスケジューリングできる将来減算一時差異」について説明しましょう。

期末には税務上の欠損が生じている場合でも、翌期、新規事業の開始や新規顧客の開拓によって、利益を見込んでおり、その結果課税所得が50出るとしましょう。この50を限度額として、翌期において減算されることが確実視される将来減算一時差異のみが繰延税金資産として計上されます。ここで、来期の課税所得については、来期予算をスタートとして、すでに上で説明したような手法で見込額を算出します。来期に減算されることが確実視される将来減算一時差異は、特に問題なく算出できると思います。たとえば、毎年洗替される減価償却超過額ですとか、貸倒引当金繰入限度超過額などですね。また、先にも挙げたような投資有価証券の減損処理にかかる投資有価証券評価損なども来期に確実に売却予定があるなどの事情があれば、翌期において確実に減算されることが見込めます。このようにして集計し、来期において減算されることが確実な将来減算一時差異の合計が45であるとすれば、来期の見込課税所得50の範囲内であるため、この45を基礎にして繰延税金資産を計上すればよいということになります。あえて計算すれば、実効税率を40％として、45×40％＝18を繰延税金資産として計上すればよいわけです。

続いて、「⑤重要な税務上の繰越欠損金が存在する会社等で、その発生等が特別な原因による場合」について説明します。これは、④と同様な状況ではあるものの、臨時的な要因によって、発生したものであるため、重要な繰越欠損金が発生している状況が一時的であると判断されるような場合が該当します。

この場合には、ワンランク取扱いがよくなって、③業績が不安定であり、期末における将来減算一時差異を十分に上回るほどの課税所得がない会社と同様

に扱います。当該カテゴリーの説明はすでに終えていますので，必要に応じてご参照ください。

それでは，最後のカテゴリーです。「⑥過去連続して重要な繰越欠損金を計上している会社等」，具体的には，おおむね3年以上連続して重要な税務上の繰越欠損金を計上している会社で，かつ，当期も重要な税務上の繰越欠損金の計上が見込まれる会社」，また，「債務超過の状況にある会社や資本の欠損の状況が長期にわたっている会社で，かつ短期間に当該状況の解消が見込まれない会社」の場合です。この場合は，冒頭に説明した「儲かっているから，特に問題ない会社」の逆で，「最近，全然儲かっていないので，はじめから繰延税金資産なんて計上できない会社」です。そういう意味では何か資料を作って回収可能性を検討することもありませんので，これ以上の説明は加えません。

【設　例】

それでは，ここまでの説明をもとに，下記の残高明細を基礎として繰延税金資産勘定をチェックしてみましょう。

【繰延税金資産勘定明細書】

短	期	未払事業税	2,860
		減価償却超過額	200
長	期	退職給与引当金繰入超過額	15,000
		繰越欠損金	20,000
		計	38,060

合計額の計算チェックをする！
総勘定元帳と一致していることを確かめる！

☑ **勘定明細の計算チェックをする！**

☑ **勘定明細と総勘定元帳の金額の一致を確かめる！**

　繰延税金資産であろうと，なかろうと，この2つはすべての基本ですので，忘れないようにチェックします。

☑ **税務申告書等と数値をチェックする！**

　上記の設例のうち，未払事業税以外は，法人税の申告書の記載と繰延税金資産計上の元数値が合致しているか確かめましょう。未払事業税は実際の支払時に損金算入されるために，当期に発生し，翌期に納付する事業税は損金不算入になります。そのため，これについては事業税の申告書等と繰延税金資産計上の元数値が合致していることを確かめてください。

　ここで，繰延税金資産計上の元数値についてふれておきます。繰延税金資産は将来減算一時差異について計上します。これは前にも説明しましたとおり，将来の法人税等費用のマイナスの先取りをすることになります。そのため，将来減算一時差異に税率を乗じて算定されます。税率を40%だと仮定すると，設例の繰延税金資産計上の元数値は以下のようになります。

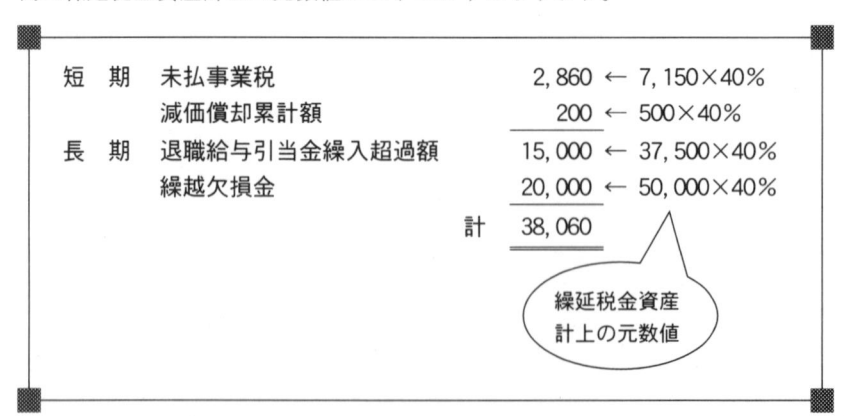

```
短　期    未払事業税              2,860  ← 7,150×40%
         減価償却累計額             200  ← 500×40%
長　期    退職給与引当金繰入超過額  15,000  ← 37,500×40%
         繰越欠損金              20,000  ← 50,000×40%
                          計   38,060
```

（繰延税金資産計上の元数値）

ここでは，この繰延税金資産計上の元数値が，税務申告書等と合致していることを確かめてください。そして，念のため，これに実効税率を乗じた計算結果があっているかどうか電卓を叩いてみるようにしましょう。

　続いては，これまでに説明してきました回収可能性についての検討がきちんと行われているかどうかを確かめるようにしてください。設例の繰延税金資産勘定明細書には，繰越欠損金がありますね。この設例だけですと，繰越欠損金が当期発生したものなのか，前期以前に発生したものかが分かりません。いずれにせよ，上で説明したどのカテゴリーに入る会社かどうかを見極めたうえで，ドキュメントをきちんとしてあるかどうかを確認してください。そして，あなたがもし監査法人に繰延税金資産の回収可能性について，説明する立場にあれば，あなたがここでチェックしたドキュメントをもって，きちんと説明すればよいわけです。

7 その他の資産残高

> **Check Point!**
> ❀勘定明細の計算チェックをする！
> ❀勘定明細と総勘定元帳の金額の一致を確かめる！
> ❀現物もしくは証憑とのチェックを実施する！
> ❀増減分析等を実施する！
> ❀未決済勘定に注意！
> ❀その他の内訳に注意！

【設 例】
下記の残高明細をもとに，その他の資産勘定をチェックしてみましょう。
【その他資産勘定明細書】

敷 金 保 証 金	1,000
仮　払　金	500
そ　の　他	700
計	2,200

合計額の計算チェックをする！
総勘定元帳と一致していることを確かめる！

第1章 貸借対照表（資産項目）

☑ 勘定明細の計算チェックをする！

☑ 勘定明細と総勘定元帳の金額の一致を確かめる！

本当にしつこいですが，ここからいきましょう。たとえ，もう分かった！といわれても書き続けますよー。

☑ 現物もしくは証憑とのチェックを実施する！

それでは，内容に入っていきましょうか。なお，本来はその他資産とはいえ，その他流動資産とか，その他固定資産とか，その他の投資の「その他」とかいうように分類されますが，本書では簡便的にその他資産についても，特別の区分なく勘定明細を作成したものとして設例を作成しています。

さて，ここまでで主な資産項目のチェックポイントを見てきました。皆様の会社，もしくはクライアントには当然のことながら，これ以外にもたくさんの勘定科目があるはずです。ここでは，これらの勘定科目のチェックポイントについて説明をしてみます。

様々な科目があるとは思いますが，重要なポイントは2つにまとめられると思います。1つは，個々の項目につき，帳簿と現物が一致しているかどうかを自分の眼で確かめること，現物を自分の眼で確かめられない場合には，契約書等の証拠書類をチェックするなど，いってみれば積み上げ方式とでもいうべきチェック方法です。この方法は，金額の大部分を少数のアイテムで構成されている場合には有効です。たとえば，設例の敷金保証金1,000が本社ビルの賃貸にかかるものだけであれば，この契約書なり，敷金の預かり書なりをチェックすれば，それで終わりということになります。もう1つは次に説明する増減分析になります。

☑ Check! 増減分析等を実施する！

　反対に設例の敷金保証金が100件以上の件数で構成されている場合には、どのような点に留意してチェックすべきでしょうか。すべての項目について、上で説明したように契約書等をチェックすることはもはやできませんから、たとえば対前年比較をしたうえで、重要な増減項目についてのみ、契約書なりとチェックすればよいと思います。ただし、この場合、前年の数値が正しいことを前提としていますので、前年の数値に信頼性が置けない場合にはいずれかのタイミングで、手数はかかるものの、上で説明したようなチェックをせざるをえません。たとえば、株式公開を目指す会社などは、多くの場合、公開会社と比較して経理を含む管理部門が非常に弱いことがあります。そのため、昨年度の数値が本当に正しいかということにつき、本音では不安が大いにあると思います。また、本格的に株式公開の準備に入りますと、監査法人等による会計監査が始まります。彼らもリスクアプローチという手法を使っていますので、監査初年度の数値をきちんと固めようとします。リスクアプローチとは、限られた監査資源（監査に要する人員や時間）をよりリスクの高いエリアに集中して投下し、効率的な監査を目指すものです。そのため、「その他」エリアはできる限り時間をかけたくないというインセンティブが働きます。初年度で一度残高をきちんと固めてしまえば、その後は増減部分のみをフォローするだけでよいからです。

　これらの観点から、少なくとも一度は、すべての項目につき契約書等の証拠資料と帳簿をチェックするなどして、残高を固める必要があります。とても大変ですが、一度数値をきちんと固めてしまえば、その後は増減部分のみをフォローすればよいわけですので頑張りましょう。

☑ Check! 未決済勘定に注意！

　それでは、次に未決済勘定について説明していきましょう。未決済勘定とは

仮払金など最終的には費用項目などに振替える必要があるものの、特定の事由によって仮勘定として処理されている勘定のことをいいます。たとえば出張旅費の仮払金など、実際に出張から帰ってからでないと精算できないが、事前にお金を従業員に渡す必要がある場合などが該当します。

　それでは設例をご覧ください。仮払金500が記載されていますね。仮払金は、最終的な会計処理が完了せずに現金等を支払ったものです。通常は、従業員の立替経費等で比較的多額なもの、たとえば出張経費の前渡などが原因で発生します。仮払金にしたままですと、本来費用として計上すべきものか、資産として残しておくべきものかどうかも判断できませんので、決算時には仮払金などの未決済勘定はすべて内容を調査のうえ、適正な科目への振替をしてください。最終的な利益及び納税額が変わる可能性をはらんでいますので、原則として、仮払金は決算期末に残さないようにしましょう。このような未決済勘定は、「その他の資産」のようなところに入り込みがちですので、注意が必要です。

☑ その他の内訳に注意！
Check!

　最後に設例の「その他」について、説明しておきます。ただでさえ、「その他の資産」の説明をしているのに、さらにその中で「その他」が出てくるのには違和感がありますが、意外とこういうことはよくあることなのです。設例の「その他」は700で、金額的重要性がないと判断された場合でも、「その他」の明細を作成し、その内訳をレビューすることを強くお勧めします。なぜなら、現在の担当者が、すでに内容の分からない前任者の時代から内容不明のものをそのまま引継いでいたり、内容不明のマイナス残高をその他に紛れ込ませていたりする可能性があるからです。このあたりには、注意してください。

　わけのわからないものは、「その他」につっこんでおけば多くの場合、それ以上の追及を受けません。そのため、「その他」の勘定は誤計上や場合によっては不正経理に使用されることもありえる項目です。十分に注意してチェックするようにしましょう。

第2章

貸借対照表
（負債・資本項目）

　貸借対照表の後半は，負債・資本項目です。
　基本的なスタンスは資産項目と変わりませんが，特に未払法人税等の項については，公認会計士であってもチェックが手薄になりがちな税金関連項目について，詳しく説明しています。内容としては比較的難しいとは思いますが，実際の決算書のチェックをする際に本書を側においてチェックするなどしてみて下さい。それでは，仕入債務から説明を始めていきます。

1 仕入債務残高

> **Check Point!**
> ❋ 勘定明細の計算チェックをする！
> ❋ 勘定明細と総勘定元帳の金額の一致を確かめる！
> ❋ 必要に応じて残高確認手続を実施する！
> ❋ 回転期間分析を実施する！
> ❋ 回転期間と自社の支払サイトとの比較をする！
> ❋ 未払金のチェックに回転期間は使えない？
> ❋ 対前年同期比較と証憑突合が有効！
> ❋ 勘定明細の「その他」に注意！
> ❋ 入荷伝票と請求書の突合せがきちんとされているか確かめる！
> ❋ 検収・支払業務のフォローを行う！

【設例】

下記の残高明細をもとに，仕入債務勘定をチェックしてみましょう。

【買掛金勘定明細書】

G	社	300,000
H	社	200,000
I	社	95,000
その他		5,000
	計	600,000

第2章 貸借対照表（負債・資本項目）

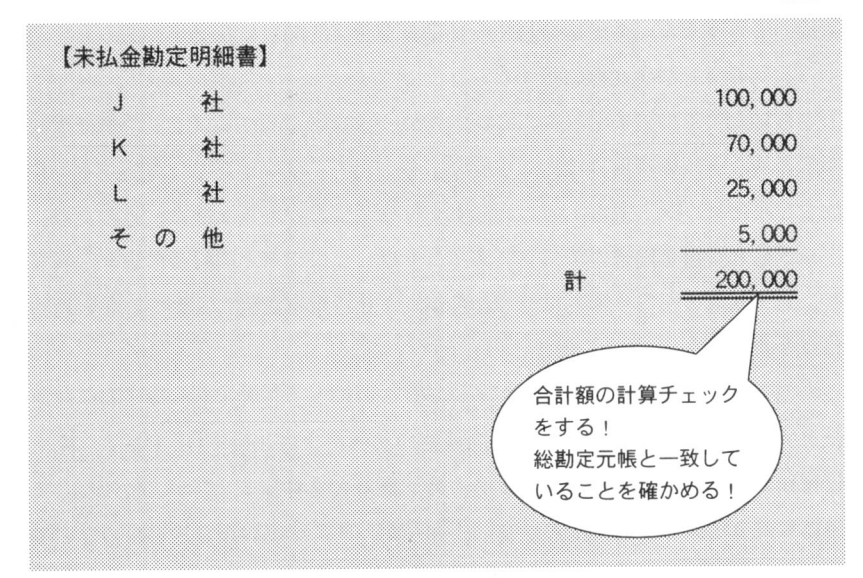

```
【未払金勘定明細書】
    J   社                           100,000
    K   社                            70,000
    L   社                            25,000
    そ の 他                           5,000
                    計               200,000
```

（吹き出し）合計額の計算チェックをする！総勘定元帳と一致していることを確かめる！

☑ 勘定明細の計算チェックをする！

☑ 勘定明細と総勘定元帳の金額の一致を確かめる！

　負債であろうが，資産であろうが，まず計算チェックから始めるのに変わりはありません。いつものことですが，しっかりと計算チェックからいきましょう。また，総勘定元帳との一致も忘れずに確かめましょう。

☑ 必要に応じて残高確認手続を実施する！

　今回，支払手形を設例にあえて入れていません。近年は手形発行にかかる諸経費削減の観点から，支払サイト等については手形と同条件で，手形を発行しない「延払い」などの方式をとるケースが増えています。また，現金・預金残高の設例を見ていただけるとお分かりになりますが，設例の会社は当座預金を

開設していません。手形を発行するには当座預金を開設する必要がありますので、設例の会社が手形を発行することはできません。

さらに、決算書のチェックポイントという観点からしても、支払手形は受取手形と異なり現物が手許にありません。そのため、受取手形では可能だった現物を実際にカウントする、いわゆる実査をすることができません。そのため、支払手形と買掛金勘定のチェックポイントは、受取手形と売掛金の場合と異なり、あまり違いがありません。これらが、支払手形を設例に入れていない理由になります。

上のように、実査を実施することができない以上、必要とあれば残高確認手続を実施することになります。残高確認の具体的な方法は、「第1章2　売上債権残高」の項で説明してあります。第1章でも説明しましたが、会社として確認手続を実施してもちろんかまいませんが、ある程度の正確性を求めたい場合、もしくは先方の管理部門とあなたの会社の管理部門のコミュニケーションがうまくとれないような場合には、会計事務所等に依頼して確認手続を実施するとよいでしょう。残高確認は、売掛金、支払手形、買掛金等の自社の手許に現物がない債権債務等の正確性を確かめるのには、非常に有効な手段ですが、先方がいい加減な会社の場合、残高確認状に記載された金額をきちんと確認することなく、印鑑を押して返送してくることがよくあるのです。

先方にとっては、別に支払・回収業務をするわけでもなく、日常業務とは外れることをするわけですから、回答の発送が後回しになってしまったり、十分な確認をせずに回答を返してくることは十分にありうることです。自分が、クソ忙しいときに残高確認が送られてきたらどうでしょうか？適当に回答してしまいそうではありませんか？その点、会計事務所から残高確認を求められて、会計事務所に送り返さなければいけないとすると、多少は緊張感が違うと思います。この辺りをよ〜く考えて、自社で確認手続を行うのか、会計事務所で行うのかを決めてください。なお、株式公開を真剣に考えていて、監査法人等の監査を受ける予定の会社の場合は、ほっておいても監査法人等が残高確認手続を必ず実施します。本書でもこれまで何回か説明している、実査、立会、確認

というのは監査法人等にとっても必要不可欠な手続なのです。

それでは，確認手続の具体的な実施方法は第1章で詳しく説明したので，そちらをご覧いただくとして，問題の，自社の帳簿残高と回答残高に差異がある場合について，説明しておきましょう。差異がある場合には，売上債権と同様に差異の原因をきちんと調査し，必要に応じて会計帳簿の修正が必要になります。それでは，売上債権と同じように自社の帳簿残高と回答残高に差異がある場合の主な原因とその対処法について以下に表でまとめてみます。

差異の原因	発生原因	対処法
① 仕入高（検収基準）と売上高（出荷基準）の計上基準の差異によるもの	期末近くに得意先が出荷するも，自社には翌期首に商品が到着したような場合。詳細は，売上債権の項を参照	原因さえつかめていれば，修正の必要なし
② 自社の仕入計上漏れ	実際には仕入をしているにもかかわらず（現物を実際に受取っているにもかかわらず），会計システム上，仕入入力をしなかった。	原因を調査し，必要に応じて帳簿修正（仕入計上）が必要
③ 自社仕入過大計上	実際には仕入をしていないにもかかわらず，伝票だけで仕入を計上してしまった。	原因を調査し，必要に応じて帳簿修正（仕入取消）が必要
④ 仕入債務（支払手形，買掛金等）の消し込みミス	実際に支払った債務を違う取引先のものとして，消し込みをしてしまった。もしくは買掛金以外の勘定で消し込みをしてしまった。	原因を調査し，必要に応じて帳簿修正（買掛金の消し込み）が必要
⑤ 自社と先方の単価差異	期中の単価改訂等を自社もしくは仕入先が会計システム（もしくは購買システム）に入力しなかった。	原因を調査し，自社の入力漏れの場合は，帳簿修正（単価修正）が必要

基本的な差異の発生原因は，売上債権と同じです。それでは，簡単に上記のそれぞれの場合の対処方法について説明していきましょう。

まず，①の場合ですが，きちんと金額等を把握できていれば問題ありません。

売上債権の項でも説明しましたが，これは仕入と売上の計上基準の相違によるもののため，当然に生じてくる差異のためです。仕入と売上の計上基準の相違については，あとで少し説明を加えることにします。

　②から⑤については，基本的に売上債権の場合と同様です。自社の会計帳簿が誤っていますから，きちんと内容を調査したうえで正しい会計処理に修正する必要があります。また，上では記載していませんが，当然，先方の計上ミスも考えられます。この場合，自社のデータだけでは原因等をつきとめることができませんので，営業担当者を含め，得意先に失礼のないように配慮をきちんとしたうえで，原因究明に努めましょう。先方のうっかりミスであれば大きな問題にはなりませんが，先方の粉飾決算などに使われている可能性もないとはいい切れませんので，慎重に対応しましょう。

【補足】 仕入と売上の計上基準の違いについて

　ここで，売上債権の項でも少し説明しましたが，仕入と売上の計上基準についてもう少し説明しておきます。なぜ，仕入と売上の計上基準が異なるのか，そして，なぜそれでいいのかお分かりでしょうか？まず，そもそも論から考えていきましょう。

　収益及び費用の計上基準ですが，これは発生主義によります。発生主義とは，現金等の収受にかかわらず，特定の原因が発生した時点で費用もしくは収益を計上するというものです。非常に分かりにくいので，簡単な例として，電話料金を挙げてみます。あなたの会社で8月に電話を使いました。請求書が9月10日に届いています。実際の支払は銀行引落で10月10日にされました。この場合，電話料金はいつ計上するのでしょうか？答えは8月ですね。8月に電話を実際に利用し，その料金を支払うという原因が発生したからです。請求書が到着したとか，実際に代金を支払ったこととは関係ありません。

　それでは，これを売上に当てはめてみます。売上に発生基準を適用した

ものを販売基準と呼んでいます。販売基準とは、販売した時に売上を計上することを意味しています。問題となるのは、どの時点をもって「販売」と捉えるのかという点です。多くの場合、日本では出荷時点を「販売」と捉えているのです（ただし、建設業などで得意先の検収基準で売上を計上する場合など、いくつかの例外は当然ありますが、ここではその詳細についての説明は省略します）。

　本来でいえば、「販売」の時点とは得意先に商品もしくはサービスを提供し、その内容に相手が納得したうえで、期日までに代金を支払いますよ、といった時点のはずです。なぜなら、出荷した時点では、その商品もしくはサービスに不満をもち、得意先が納得しない場合もあるからです。また、アメリカのように広い国では、出荷してから得意先に商品が到着するまでに相当の時間がかかる場合もあります。自社の売上と得意先の仕入計上のタイミングにあまりにも差がありすぎるのは、やはりよくありません。

　しかし、日本では商品やサービスの品質が概して高く、また国土が狭いこともあり、自社の出荷と先方の入荷の間に大幅な差異はなく、出荷後の商品やサービスの不備による返品もそれほど多くはありません。そのため、簡便的に「販売」基準として出荷基準が認められているのです。

　と、このように当たり前のように使われている出荷基準ですが、あくまで実務上の慣行として認められているに過ぎません。参考までに数年前からアメリカでは、出荷基準が認められず、いわば先方の検収基準のような方法で売上計上することになりました。出荷基準は、期末に大量の出荷をして売上を計上し、直後（決算日を過ぎてからですね）に返品をしてもらうことによって、売上を水増し計上するという古典的な粉飾決算を生むことにつながりますので、やむを得ない措置なのだと思います。近年、アメリカの基準に追いつこうと必死で新たな会計基準を作成している日本の会計制度も近いうちにアメリカのような販売基準概念を採用する可能性は非常に高いものと思われます。

☑ 回転期間分析を実施する！
Check!

　これまでは，仕入債務に関する残高確認手続について説明してきました。たしかに残高確認手続は，買掛金など現物のない債権債務の適正性を確かめるには有効な手続です。しかし，その実施には一定の時間とコストがかかります。

　監査法人等の監査で要請されている場合は別として，確認手続をしなければ決算書のチェックができないかというとそんなことはありません。

　仕入債務の場合，売上債権で実施したような回転期間分析が有効です。回転期間分析についての詳細な方法は，売上債権の項でも紹介しましたので，ここでは具体的な数値を使って仕入債務の回転期間分析をしてみましょう。

　まず，当期の売上原価の明細を以下のとおりと仮定します。

期首棚卸資産残高	315,000
当期商品仕入高	1,500,000
期末棚卸資産残高	315,000
売　上　原　価	1,500,000

　仕入債務の回転期間分析は，売上原価でなく，当期商品仕入高を使用します。

　あくまでも当期の仕入金額と期末仕入債務残高とを比較するものが回転期間だからです。設例では，たまたま期首と期末の棚卸資産残高が同じ金額ですが，大幅に異なるような場合には，計算結果も大幅に狂ってきますので注意が必要です。ただし，自社の分析ではなく，他社の分析をしようとしている場合で当期の仕入高が明らかでない場合，もしくは設例のように明らかに売上原価と当期仕入高との間に重要な差異がない場合には，簡便的に売上原価の金額を使用してもよいでしょう。

　また，製造業の場合には設例の項目以外に「当期製品製造原価」があるはずです。この場合には，「当期製品製造原価」の明細である「原材料費」の「当期原材料仕入高」のように外部から仕入があったものを商品仕入高に加算して

計算します。設例では，当期商品仕入高しかありませんので，具体的な計算を示すことはしませんが，製造業の場合には十分に注意してください。

ここまでの数値をもとに仕入債務の回転期間を算定してみましょう。設例の回転期間は，期末仕入債務残高600,000÷1ヶ月当たりの平均仕入高(1,500,000÷12ヶ月)＝4.8月とすることができます。次に，この計算結果を分析してみましょう。手順としては，売上債権の場合と同じです。ちなみに本書では，回転期間を「月」で表示していますが，「日」で表示する場合もあります。回転期間が1ヶ月を下回ると，「月」で表示すると分かりにくくなるためだと思われます。なお，「日」で回転期間を表示する場合，上で算定した仕入債務にかかる回転期間は，期末仕入債務残高600,000÷1日の平均仕入高（1,500,000÷365日）＝146日，と算定することになります。

【補足】 回転期間ってそもそも何を表している？

まず，あなたの会社の債務支払サイトとの比較から説明します。仕入債務回転期間は，算式を見てもお分かりになると思いますが，期末に残っている仕入債務残高が仕入高と比較して何ヶ月回転しているかを表しています。少し分かりにくいので，いいかえますと，仕入債務の期末残高が何ヶ月分の仕入高に相当するのかを示しているのです。さらにいえば，期末の仕入債務残高は平均して何ヶ月分の仕入に相当するものが溜まっているのかを示しているといえます。逆にいえば，仕入債務残高として残っていないものはすでに支払を済ませているわけですから，仕入債務の回転期間は，いまだ支払がされずに，期末残高として残っている仕入債務が平均して何ヶ月で回収されているかを示しているのです。少し複雑ですので，再度，簡単に図でまとめてみましょう。

```
┌─────────────┐   ┌─────────────┐   ┌─────────────┐   ┌─────────────┐
│仕入債務の回転│   │仕入債務残高が│   │いいかえると，│   │逆にいうと，平│
│期間＝期末仕入│ → │何ヶ月分の仕入│ → │仕入債務残高は│ → │均して何ヶ月で│
│債務残高÷１ヶ│   │高に相当してい│   │何ヶ月分の仕入│   │仕入債務を支 │
│月平均仕入高 │   │るのかを示す │   │高が溜まってい│   │払っているかを│
│             │   │             │   │るのかを示す │   │示している   │
└─────────────┘   └─────────────┘   └─────────────┘   └─────────────┘
```

この考え方は仕入債務に限らず，回転期間すべてに該当しますので，よく理解するようにしてください。

☑ Check! 回転期間と自社の支払サイトとの比較をする！

　ここまで理解できたら，次は上で算定した仕入債務の回転期間と実際の支払サイトを比較してみましょう。上で説明したように，仕入債務の回転期間は期末残高が平均して何ヶ月で支払をしているかを示しているわけですから，基本的に仕入債務の支払サイトの平均値と近い数値になるはずなのです。

　ここで，あなたの会社の主な仕入先に対する支払サイトが３ヶ月から５ヶ月であったとします。これに対して支払債務の回転期間は上で算定しましたように，4.8月で，主な仕入先に対する支払サイト３〜５ヶ月の範囲に収まっていますので，おおむね仕入債務の期末残高が妥当な数値である，と判断することができるわけです。

　それではもし，主な仕入先に対する支払サイトと回転期間の間に大幅な差異があった場合はどのような対処をすればよいのでしょうか。

　基本的には，季節変動も含めた仕入のタイミングの問題です。期末近くに大量の仕入をした場合には，そのほとんどすべての仕入にかかる債務が支払われずに，期末残高として残ってしまうため，回転期間が長く算定されます。この場合，期末近くの大量仕入が妥当なものであるかをきちんと確認することが必要でしょう。大量に仕入れ，その大部分をすぐに販売しているようなら問題ありませんが，大部分が在庫として残っていて，販売見込みも立っていないようなら問題です。なぜなら，大量仕入した在庫が最終的に売却されず，廃棄せざ

るを得ない状況に陥る可能性があるからです。もし，このような状況にあることが明らかになった場合には，その原因を究明し，再発防止に努める必要があります。この場合，なぜ販売見込みのない大量仕入をしてしまったのかがポイントとなるでしょう。社内決裁基準（具体的にいくら以上の取引は，部長承認，担当役員承認，社長承認が必要である旨を規定したもの）に不備があったのか，基準自体は整備されていたが，守られなかったとすれば，運用状況に問題はなかったのかについて詳しく調査し，絶対に再発を防止しなければなりません。

　また，公開会社の場合ですと，債権債務の回転期間が長くなったり，短くなったりした場合にはきちんとした説明を投資家に対して行うことが求められますので，まず社内できちんとした理解をすることが重要になってきます。このように，公開会社は社外に説明する必要があるのに対し，非公開会社では公開会社のように広く，一般投資家等に対する説明責任はありません。しかし，社内できちんとした調査なしに上記のような事態の再発を防止することができません。そのため，すべての手続の第一歩として，回転期間を算定した後に，支払サイトとの間に大きな差異がある場合には，きちんとその原因を追及することから始めることが大切です。その結果，誤りがあることが分かった場合には適切な修正をしましょう。一般的に，上記の回転期間と支払サイトの間の差異につき合理的な説明ができない場合には，会計処理自体が誤っていることが多いので，必ず合理的な説明ができるかどうかをよく検討し，どうしてもそれができない場合には，会計処理にミスがないか，詳しく調査するようにしましょう。このようなチェックを本決算において実施していたのでは，株主総会招集通知発送などのスケジュールが厳しくなります。可能なかぎり月次決算においても，回転期間分析などを実施し，早めにフォローするようにしましょう。

　ついでにといっては何ですが，上で算定した回転期間を支払サイトだけでなく，対前年同期と比較することも有効です。対前年同期比較をすれば，季節変動の要因などによるブレも少なくなります。この結果，回転期間に重要な増減がある場合にも，これまでと同様にきちんとした調査が必要です。ここで，この増減の主な原因ですが，上でも挙げた仕入計上のタイミングの相違に起因す

るものも考えられますが，支払サイトの変更もその原因のひとつとして考えられます。

☑ Check! 未払金のチェックに回転期間は使えない？

　設例に戻りますと，未払金があります。未払金は仕入債務ではありませんが，チェックポイントとしては仕入債務と共通する点があるので，ここで取り上げることにします。ただし，回転期間分析は未払金の場合，有効ではありません。
　未払金は買掛金と異なり，必ずしも年間を通して経常的に発生するものではないため，期末近くに大きな取引があって，その支払を済ませてしまえば，それでおしまいだからです。例を挙げてみると，固定資産の購入などが挙げられます。　固定資産を期末に100購入し，これに対する未払金100が期末に残っていたとすると，回転期間は未払金期末残高100÷1ヶ月当たりの平均固定資産購入残高（100÷12）＝12月と算定されます。また，この未払金を期末時点で支払っているとすると期末残高がゼロとなるため，回転期間は未払金期末残高0÷1ヶ月当たりの平均固定資産購入残高（100÷12）＝0月と算定されます。　このように，年間を通して経常的に行われる取引にかかる債権債務でない場合には，ある1つの取引の支払・回収のタイミングが少しずれただけで，まったく異なる回転期間が算定されてしまうのです。そのため，未払金の場合には回転期間分析は有効ではありません。

☑ Check! 対前年同期比較と証憑突合が有効！

　それでは，どのような方法が有効でしょうか。まずは，対前年同期比較をしてみましょう。また，多額に上る残高を少数の取引で占めているような場合には証憑突合も有効です。これらの方法は，売上債権や仕入債務のチェックポイントでは回転期間分析がかなり有効であるためあえて記載していませんが，回転期間分析の結果，合理的な説明がつかない場合，これらの手続を実施するこ

とによって，誤りが発見される可能性も高いため，売上債権や仕入債務のチェックポイントとしてももちろん使用できます。ただし，ある程度の手間がかかるため，取引量の多い売上債権や仕入債務のチェックに，いきなりこの方法をとるとかなり時間がかかることが予想されますので，その点には注意してください。

まず，対前年同期比較から具体的に設例に沿って説明していきましょう。手始めに設例に対前年同期の数値を併記してみましょう。

【未払金勘定明細書】

		前年同期
J　　　　社	100,000	90,000
K　　　　社	70,000	0
L　　　　社	25,000	20,000
そ　の　他	5,000	5,000
計	200,000	115,000

前に書きましたが，未払金は売上債権や仕入債務とは異なり，経常的に発生するものではありません。そのため，上のK社のように今年70,000に対し，前年同期が0円ということも往々にしてあります。すでに例を挙げたような固定資産購入などは何年かに1回しかなくてもおかしくありません。それでは，この対前年同期比較をどのようにチェックすればよいのでしょうか。

あなたは，この決算書をチェックする立場のはずです。たとえば経理部長，もしくは経理部員だとしましょう。そうだとすれば，たとえば工場で大規模な機械を購入したとか，社長用に高級車を購入したとかということは知っているはずです。もちろん，その代金が未払金として期末に残っているか，残っていないのかも当然，知っているはずです。と，そこまではいいすぎでも，総勘定元帳，補助元帳，伝票をひっくり返してみればすぐに分かるはずです。

それでは，具体的に上の対前年同期比較についてチェックをしてみましょう。

まず，Ｊ社からいきます。Ｊ社に対する未払金は今年度100,000に対し，昨年度90,000という残高になっています。おそらくは，毎年ある程度の取引がある取引先なのだと思います。これまで，未払金は，売上債権や仕入債務とは異なり経常的に発生するものではない，と何度か説明をしています。しかし，未払金の中にも少しは経常的に発生するものもあります。たとえば，派遣社員を利用している会社においては派遣会社への支払代金ですとか，一般的にもネットワークのメンテナンス費用にかかる未払金とか，ある程度経常的に発生するものもあります。未払金は営業に直接関係しない購買取引につき計上されるものですので，基本的には経常的に発生しないものが多いですが，直接営業に関係しなくても，一般管理活動に必須のものについては，ある程度経常的に発生するものもあるにはあるのです。

設例のＪ社に戻りますと，Ｊ社が上で挙げたような取引をしていてある程度経常的に未払金が発生していておかしくない取引先であったとします。そして，残高が昨年の90,000から100,000へと11％増えています。たとえば，これは契約社員の人員が10％程度増加したとか，メンテナンスの月額が10％程度増えたなど事象があれば（前年度残高が正しいということが前提ですが），当期のＪ社に対する未払金残高100,000に大きな誤りはないと判断することができるのです。

ここまでは，あなたが経理部長や経理部員の場合のチェックの仕方を説明してきました。それでは，あなたが監査役もしくは，会計監査を担当する監査法人等であった場合にはどのような点に注意するべきでしょうか。結論からいいますと，ほとんど手続は変わりません。ただし１点異なるのは，記帳の当事者でないあなたは自分で上に説明したような内容を調べるのではなく，会社の経理担当から上のような説明を聞かされるはずです。ここで，「ああそうか」と納得して終わってはいけないのです。話ベースでなら，もっともらしいでっちあげなどいくらでも作り上げることができるからです。そのため，ヒアリングで出てきた話に関する証拠書類をチェックすることにより，必ずウラをとるようにしてください。このような証拠書類とのチェックを「証憑突合（しょうひょうとつごう，もしくはしょうひょうつきあわせ）」といいます。このことにより，客

観性をもったチェック作業が可能になるわけです。具体的にJ社の場合には派遣会社の請求書ですとか、メンテナンス業者からの請求書などを見て、経理部からのヒアリング事項のウラがきちんととれればよい、ということになります。

続いて、K社についても見ていきましょう。同社に対する未払金残高は当年度70,000に対して前年度0となっています。上でも少し説明しましたが、機械装置などの単発の取引が今年あったものと推察されます。これが事実かどうかをJ社と同じような方法できちんと整理しておけばいいわけです。

L社についてもいままでの説明を踏まえたチェックをすればOKです。

☑ 勘定明細の「その他」に注意！
Check!

次は勘定明細の「その他」の説明にいきます。売上債権の項でも説明しましたが、「その他」には金額的に小さいものが多数含まれています。金額的に少ないものの中には、金額がマイナスになっているものも含まれています。また、長期間動きのないものや、どうして残っているのか分からないようなものも金額が小さいからという理由で、「その他」の中に紛れていることはよくあることなのです。そして、このようなことは通常、経理担当者は知っています。

たしかに、決算早期化が叫ばれる現在、細かいことにこだわっていると決算がいつまでたっても締まらず、時代に取り残されてしまうかもしれません。しかし、経理部、管理部はただ数値を集計して経営者をはじめとする関連部門に提出すればよいというわけではなく、「会社の財産保全」という重要な役割を担っています。金額が小さければ決算はそのままの数値で進めてしまってかまわないと思います。しかし、決算作業終了後には「その他」に残された内容不明残高をきちんと整理するように努めましょう。今まで、誰も気づくことができなかった過去の不正や会計処理誤りが発見されるかもしれません。このような事実をきちんと把握し、経営者に適切な形で報告され、経営者がきちんとした対応をとることによって会社の財産保全はなされるのです。

☑ 入荷伝票と請求書の突合せがきちんとされているか確かめる！

　仕入債務に関する仕上げとして，仕入債務に関する内部管理について簡単にふれておきます。まず，購買部門のような現場における作業からです。原則として，運送会社から荷受した担当者は，送り状に記載された送付数量と現物が一致していることを確かめなければなりません。極めて当たり前のことです。次に，現物が注文したとおりのものであるかどうかをチェックします。ここでは，注文書（もしくは注文データ）と現物のチェックを行います。そして，この後必要に応じて品質チェックをかけ，品質が合格であることを確かめます。原則として，この時点が検収完了ですから，ここで仕入及び買掛金等の仕入債務が計上されることになります。この検収がすべて終了したことを経理部門にきちんと知らせるため，納品書に検収印（日付，担当者がわかる印）を押印します。経理部門では，この納品書に記載されている納品データおよび検収印の示す検収日に基づいて仕入及び買掛金等の計上をするわけです。

　そして，支払時です。先方から請求書もしくは請求データが届いたら，仕入計上したデータと請求データをチェックします。ここで差異が出てきた場合には上で説明した，残高確認手続で差異が生じた場合の対処に準じてその原因を突き止め，適正な処理をするようにしてください。この結果，先方の請求データが正しいことを確かめられれば，期日に支払をします。

　中には相手先の支払期日よりも前に支払っているようなことはありませんか？支払を遅らせれば遅らせるほど，会社の資金繰りは良化します。通常，支払サイトは取引開始時に双方で合意されていますから，もし合意された支払期日よりも前に支払をしているような取引先があれば，必ず期日に支払うようにしてください。取引先との合意を破ることもなく，自社の資金繰りが改善します。場合によっては，借入金額が減り，支払利息相当分も支払の必要がなくなりますので，是非ご検討ください。

☑ 検収・支払業務のフォローを行う！

　ここまで，きっちりと検収・支払業務をしていると，補助元帳を一覧するだけで，もし，長期にわたって請求がきていないものなどがあれば，すぐに分かるはずです。これについては，原因を調査のうえ実際に支払の必要がない，と判断された場合には過年度損益修正として早めに処理してしまいましょう。株式公開を目指しているような会社は，こういったものを早期に処理しておかないと，目論見書等にこのような過年度損益修正損益が記載されることとなり，会社の管理体制に不信感をもたれるおそれが強いですので，特に注意してください。

　また，請求されているにもかかわらず，支払が遅延しているようなものがあれば，すぐに原因を調査し，適切な対応をすることが必要です。支払期日を守らないということは，取引先からの印象がものすごく悪くなります。十分に気をつけましょう。

2 借入金残高

Check Point!
- 勘定明細の計算チェックをする！
- 勘定明細と総勘定元帳の金額の一致を確かめる！
- 残高証明を入手する！
- 支払利息のオーバーオールテストを実施する！

【設　例】
下記の残高明細をもとに，借入金勘定をチェックしてみましょう。
【借入金勘定明細書】

甲銀行Ａ支店	50,000
乙生命保険会社	40,000
親会社Ｘ社	10,000
計	100,000

> 合計額の計算チェックをする！
> 総勘定元帳と一致していることを確かめる！

☑ 勘定明細の計算チェックをする！

☑ 勘定明細と総勘定元帳の金額の一致を確かめる！

　まず計算チェックと総勘定元帳の一致を確かめることから始めましょう。そろそろいい加減になっていませんか？本当に電卓叩いていますか？ここで間違いがあると，あとのチェック作業が何の意味ももちませんので，面倒くさがらずにしっかりやりましょうね。

☑ 残高証明を入手する！

　銀行等からの借入の場合には，決算期末日時点の借入金残高証明を入手してください。これと期末帳簿残高があっていればＯＫです。設例でいうと，甲銀行Ａ支店と乙生命保険会社の２社ですね。この２社から借入金の残高証明を入手し，残高証明に記載された金額と，帳簿残高が一致していればＯＫです。

　借入金は，売上債権や仕入債務と異なり日々取引が行われるわけではないので，原則として先方の認識している残高（貸付金残高ですね）と自社の借入金残高が一致しないということはありません。万一，差異がある場合には，誤計上もしくは不正経理の可能性がありますので，慎重に原因を調べるようにしましょう。

　続いて銀行等以外からの借入の場合です。借入金の場合は金銭消費貸借契約が締結されていますので，この契約書と実際の返済状況（これは，自社の記録なので帳簿をきちんと追っていけば分かるはずです）を確認し，期末残高と一致していることを確かめます。

　設例で具体的にチェックしてみましょう。銀行等以外からの借入では親会社Ｘ社からの借入金10,000があります。話はそれますが親子会社間の貸付・借入に関しては市場金利を参考にして一方に著しく有利もしくは不利にならないような利息を支払うようにしてください。市場金利と比較してあまりにも有利・

不利な金利に設定していると，税務上不利な取扱いを受ける可能性がありますので十分に注意しましょう。

　X社からの借入残高に話は戻りますが，契約書を見た結果，借入金総額が15,000で，当期末までの返済予定額が5,000であったとしましょう。この返済額が実際に返済されていることを総勘定元帳，銀行通帳等でチェックできれば完璧です。さらにチェックの客観性を確保するためには，売上債権や仕入債務等で実施したような残高確認を実施するという手もあります。

☑Check! 支払利息のオーバーオールテストを実施する！

　貸借対照表項目ではありませんが，借入金等に対する支払利息の妥当性をチェックしてみましょう。チェックの具体的な方法はオーバーオールテストといわれています。固定資産の項で減価償却のテストとして，その手法を紹介しましたが，再度，具体的な例で説明してみます。

　それでは，支払利息に関するデータが以下のとおりであった場合にテストをしてみましょう。

【借入金勘定明細書】

		前期末残高	支払利息	借入利率
甲銀行Ａ支店	50,000	40,000	700	1.5%
丙生命保険会社	40,000	45,000	750	1.8%
親会社Ｘ社	10,000	20,000	150	2.0%
計	100,000	105,000	1,600	

　まず，オーバーオールレートを算定してみます。

第2章 貸借対照表（負債・資本項目）

> オーバーオールレートは，
> 支払利息額1,600÷{(借入金期首残高105,000＋期末残高100,000)÷2}
> ＝1.56％

となります。借入金残高につき，期首残高と期末残高の合計額を2で割っているのは，借入金の期中平均残高の近似値を算定しているためです。借入金（特に短期）は期中の変動が当然にありますので，期末残高だけをもってオーバーオールレートを算定すると，仮に期末付近に大幅な借入をした場合などに歪んだオーバーオールレートが算出されてしまうことを防止するための措置といえます。

　この例でいいますと，オーバーオールレート1.56％に対して，実際の借入利率が1.5％から2.0％ですからおおむね正しい支払利息であると判断できるわけです。もし，短期借入金と長期借入金とが混在して，実際の支払利率がもっと幅をもつ場合はどうでしょうか。たとえば，上の例で実際の借入利率が1.5％〜5％というような場合です。その場合には，仮にオーバーオールレートが上記と同様に1.56％であったとしても，あまりにも幅広くて支払利息の金額がおおむねあっているとは判断しにくいと思います。このような場合には，総額でテストを実施するのではなく，借入先ごとにテストをしてみるとよいでしょう。

　また，期末近くに多額の借入をした場合には，歪んだオーバーオールレートが算定されることがあります。その場合には，期中平均借入金残高を算定する際に，上記のように期首と期末の単純平均値をとるのではなく，たとえば月ごとの借入金残高を把握し，12で割って平均値をとるなどの工夫をしてみましょう。

　いずれにしても，合理的なオーバーオールレートが算定されない場合には，支払利息の計上額が誤っている可能性が高いので，計算プロセスを詳細にチェックし，計算誤りを修正する必要があることはいうまでもありません。

3 引当金残高

Check Point!
- 勘定明細の計算チェックをする!
- 勘定明細と総勘定元帳の金額の一致を確かめる!
- 見積計上の妥当性をチェックする!

【設 例】
　下記の残高明細をもとに,引当金勘定をチェックしてみましょう。
【引当金勘定明細書】

賞 与 引 当 金		5,000
退職給付引当金		10,000
	計	15,000

　合計額の計算チェックをする!
　総勘定元帳と一致していることを確かめる!

☑ 勘定明細の計算チェックをする！
Check!

☑ 勘定明細と総勘定元帳の金額の一致を確かめる！
Check!

　いつものとおりです。計算チェックと総勘定元帳との一致を確かめることから始めましょう。

☑ 見積計上の妥当性をチェックする！
Check!

　引当金という勘定が難しいのは，見積り計算によって計上されているからなのです。ですから，設例で挙げている賞与引当金ですとか，退職給付引当金，または設例では挙げていませんが，貸倒引当金などは，実際に賞与の支給額，退職金の支払額，また実際の債権の回収不能額とは異なっていて当然なのです。

　日本は結果責任を問うことが大好きなので，こういうことをいうと不快感を覚える方もいらっしゃるかもしれません。別に無責任なことをいっているわけではないことを，以下の説明でお分かりいただければと思います。

　それでは，設例の賞与引当金を例にとって説明してみましょう。賞与は支給対象期間が決まっていて，その支給は当該期間の労働の対価として支払われるものです。たとえば，以下のような条件で賞与引当金が計上されていたとしましょう。

```
支給対象期間：6月から11月
実際の支給時期：12月
今回の決算日：9月末日
支給予定額：7,500
```

　このデータをもとに9月末日の賞与引当金を計算をしてみましょう。

支給予定額7,500÷（今期中の対象期間4ヶ月：6月から9月÷支給対象期間6ヶ月：6月から11月）＝5,000と算定できますね。これは設例の勘定明細の金額と合致しています。基本的にはこれでOKです。

ただし，賞与引当金の場合でいいますと，12月になってから好業績を受け特別賞与を出すとか，その逆のパターンも当然ありえます。そうなった場合，これをとりこんでいなかった決算は間違いなのでしょうか？決算修正をしなければいけないのでしょうか？答えは明らかにNOです。あくまでも引当金は計上時期において発生が確実視されているものですから，計上時（上の例でいうと9月末日ですね）において発生することが予想されていなかったものなど計上できるわけがないのです。でも，結果的には引当をしていない賞与を支払わなければならない……。

この場合の対策は，見積計上時のその見積もりの妥当性をきちんとした形で残しておくことです。賞与の場合ですと，支給予定額というのが労働組合との協議の結果，決まることもあるでしょうし，社内でもなんらかの決議や規定に基づいて決められているはずです。そのプロセスをきちんと文書化しておけばよいのです。たとえば，今回の支給予定額は，賞与規程に基づく最低保障額の予定，というような決定は取締役会決議がされないとしても，執行役員会議ですとか，経営会議といった会社の意思決定会議体で合意，報告がされているはずです。そこで，このような合意事項をきちんと議事録として残しておき，これをもとに上記のような算定プロセスを経理部・管理部内の部内資料としてきちんと保管しておけばよいのです。仮にあなたの会社が監査法人等による監査を受ける立場にあっても，この資料を提示することによって当然に監査は通るはずです。

引当金のチェックポイントははっきりいって，見積もりの妥当性，そして，見積もりプロセスのきちんとしたドキュメンテーション（＝文書化）だけです。

これをきっちりしておけば，仮に結果が見積もりと異なっていても問題はありません。しかし，このような確定数値でない見積計上だからこそ，経理・管理部門だけで勝手に決定することなく，マネジメント層を交えたきちんとした

見積もりをたてることが重要です。

　続いて退職給付引当金について簡単に説明します。本書では，退職給付引当金計上のテクニック的な説明は一切省略します。数ページでできる説明ではないからです。

　それでは，チェックポイントの説明にいきますが，基本的には賞与引当金と同様です。しかし退職給付引当金の場合，原則として年金数理計算人（信託銀行等）による年金数理計算が必要となります。この計算結果をきちんと保管しておくことはもちろんですが，すべての計算を年金数理人が行うわけではありません。割引率，期待運用収益率，退職率，一時金選択率，従業員の平均勤続期間，年金等の残存平均支給期間……，と挙げればキリがありませんが，どれか１つでも数値が変更されると，年金数理計算の結果は大きく変わってきてしまいます。詳細は，年金数理計算を依頼する際に，このデータを用意してくださいと提示されますが，社内において適切な意思決定機関を通した見積もりをして，その結果をきちんとドキュメンテーションすることを忘れないでください。

　繰り返しになりますが，引当金について重要なのは，見積もりの妥当性，そして，見積もりプロセスのきちんとしたドキュメンテーションだけです。これを肝に銘じてください。特に日本の企業は一部大手企業を除いてドキュメンテーションが不十分です。書面としての証拠がないと，必ずいった，いわないの争いになります。その争いの相手が，裁判所であれ，お客さまであれ，はたまた監査法人であれ，非生産的な時間を多大に浪費することになりますので，重要な決定事項についてのドキュメンテーションを徹底することが必要です。

　たしかに，書類ばかり書いていて，自分の担当業務ができないようでは困りますが，どうしてもドキュメントしておかないといけないが，実は手がついていないものもたくさんあるはずです。それを管理，実行するのは決算書をチェックする立場のあなたのはずですよ。

4 未払法人税等残高

Check Point!
- 勘定明細の計算チェックをする！
- 勘定明細と総勘定元帳の金額の一致を確かめる！
- 勘定明細を作成する！
- 課税所得の計算過程及び税効果会計のチェックをする！
- 税金計算のチェックをする！
- 税率差異のチェックをする！

【設 例】

下記の残高明細をもとに，未払法人税等勘定をチェックしてみましょう。

		B/S			P/L	
		未払法人税等	繰延税金資産	繰延税金負債	法人税等	法人税等調整額
①	【期首】10／1／03	(10,000)	18,220	(30,000)		
②	税効果戻入仕訳		(18,220)	30,000		18,220
③	当期納付額－法人税	6,400				
	当期納付額－住民税	1,200				
	当期納付額－事業税	2,300				
④	前期クッション	(100)				
⑤	当期中間－中間納税充当金計上額	(4,950)			4,950	
⑥	当期中間納付額－法人税	3,200				
	当期中間納付額－住民税	600				
	当期中間納付額－事業税	1,150				
	当期繰入－期末	(45,050)			45,050	
⑦	法人税等調整額		18,060			(18,060)
⑧	有価証券評価差額金にかかる税効果			(40,000)		
	【期末】9／30／04	(45,150)	18,060	(40,000)	50,000	160

第2章　貸借対照表（負債・資本項目）

☑ **勘定明細の計算チェックをする！**
Check!

☑ **勘定明細と総勘定元帳の金額の一致を確かめる！**
Check!

☑ **勘定明細を作成する！**
Check!

　この設例の勘定明細は，今まで説明してきた勘定明細とやや趣を異にしています。未払法人税等の残高は，法人税，住民税及び事業税，繰延税金資産及び負債などと密接に関係しているので，勘定明細もまとめて作成してあります。

　いきなり，この勘定明細を見ても意味がお分かりにならないでしょうから，上から順番に下の方向へ向って，数値の説明をしてみます。

　まず，①期首　10／1／03からいきましょう。これがすなわち，前年度末の残高になります。未払法人税等が（10,000），繰延税金資産，負債がそれぞれ18,220,（30,000）ということを示しています。これは前年度の総勘定元帳もしくは合計残高試算表などから転記すればよいでしょう。ここで（　）の意味ですが，（　）は貸方を示しています。未払法人税等，繰延税金負債がそれぞれ，貸方残高で10,000,30,000であることを示しています。これは本書に特有の表記方法ではなく，会計の世界では割と一般的な表記方法ですので，この機会に覚えておくと何かと便利だと思います。

　次に，②税効果の戻入（「もどしいれ」ないしは「れいにゅう」と読みます）仕訳です。実務的には，期末に繰延税金資産の増減額を相手勘定　法人税等繰入額として仕訳を起票することが多いのですが，勘定科目の動きを理解するため，あえて期首と期末に仕訳を分けてあります。一方，本書における繰延税金負債は有価証券等評価差額金にかかるもののみですが，これについては間違いなく期首に戻入の仕訳を起票しておいたほうがよいでしょう。

　なぜなら，期中に有価証券を売買する場合の取得原価は有価証券等評価差額金を考慮する前の金額だからです。期首に戻入の処理をしておくことで，有価

証券残高は期中，常に取得原価で記帳されていることとなり，期中の売買につき仕訳を起票する際に，有価証券評価差額金等を戻入するなどの，面倒なことを考える必要がなくなるのです。私がコンサルティングや監査をしている際，実際に何回か質問を受けた箇所ですので，よく注意してください。

続いて，①③当期納付額及び④前期クッションについてです。当期の納付額とは，前期に計上した未払法人税等に対する当期の実際支払額になります。理論的には前期末に計上した未払法人税等の金額と，当期の納付額は同じ金額になるはずですが，設例を見ると前者のほうが100多くなっています。その結果，実際に税金を納付した後も未払法人税等が100だけ残ってしまっています。このように，実際の税金計算よりも多く（場合によっては少なく）未払法人税等を計上することを，クッションを積んでおくといいます。設例の場合ですと，前期において100のクッションを積んでいたということになります（これが設例の「前期クッション」の意味です）。クッションについての詳細は後で説明しますので，ここでは勘定明細の説明を続けます。

クッションの次は，⑤「当期中間－中間納税充当金計上額」と⑥「当期中間納付額」です。法人税等につき，中間納付をする場合には，当然に法人税，住民税及び事業税勘定を計上する必要がありますので，中間納付額4,950とこれに対応する法人税，住民税及び事業税4,950をここで計上しています。

最後に期末における⑦法人税，住民税及び事業税と期末の税効果仕訳（法人税等調整額）及び⑧有価証券等評価差額金にかかる税効果を計上します。

このように未払法人税等にかかる会計処理は複雑なので，設例で示したようなフォームを使って勘定明細とすることをお勧めします。この勘定明細をひととおり理解できれば，1年間の未払法人税等の動きが一目で分かります。面倒くさがらずに是非一度作成してみてください。

ここまでの計上が終わった勘定明細の計算チェックをして，その残高が総勘定元帳と一致していることを忘れずに確かめるようにしましょう。

☑ 課税所得の計算過程及び税効果会計のチェックをする！

　それでは，実際のチェックポイントに入っていきましょう。まずは課税所得の計算過程のチェックからです。当然のことですが，基本的には法人税申告書を記入していくことによって課税所得を算定します。法人税申告書における別表の記載方法や加減算項目の算定方法等については本書では省略しますが，当然のように課税所得を計算している法人税申告書の別表の記載項目が正確であるかどうかのチェックは必要です。ただし，法人税の申告書の記載項目は専門性が高いので，社内でチェックすることが難しい場合には，会計事務所等へチェックを依頼するという手もあります。

　ここで，法人税申告書別表記載項目のチェックが終わった課税所得の計算過程が以下のとおりであったとします。少し複雑ですので，順番にこの表のチェックポイントにつき説明を加えていきましょう。

　はじめに申し上げておきますが，必ずしも以下のような表を作表する必要はありません。しかし，前年度の申告書，当期の別表4,5等のデータを下記のように1つの表にまとめることにより，課税所得の計算，税効果会計にかかる計算を一覧できるような表になり，課税所得と税効果にかかる計算方法の一連の流れを理解することができるようになりますので，可能であれば下記のような表の作成にトライしてみてください。

	① 【期首】 10/1/03	② 【調整項目】	③ 【前期確定申告書】 10/1/03	④ 【当期戻入】	⑤ 【当期繰入】
当期純利益					
当期法人税, 住民税及び事業税					
法人税等調整額					
税金等調整前当期純利益					
当期事業税					
永 久 差 異					
交 際 費					
役 員 賞 与					
受取配当金益金不算入					
利子税及び延滞金					
一 時 差 異					
短期解消予定一時差異					
未払事業税	2,300		2,300	(2,300)	7,150
減価償却超過額	750		750	(750)	500
小計(短期解消予定一時差異)	3,050	0	3,050	(3,050)	7,650
長期解消予定一時差異					
退職給付引当金	42,500		42,500	(42,500)	37,500
小計(長期解消予定一時差異)	42,500	0	42,500	(42,500)	37,500
小　　　計	45,550	0	45,550	(45,550)	45,150
課 税 所 得					
有価証券評価差額金					
（税効果考慮前）	(75,000)		(75,000)		

	10/1/03		10/1/03		
短期解消予定一時差異	3,050		3,050		
	40%		40%		
繰延税金資産（流動）	(A) 1,220	0	1,220		
長期解消予定一時差異	42,500		42,500		
繰越欠損金	0		0		
	40%		40%		
繰延税金資産（固定）	(B) 17,000	0	17,000		
繰延税金資産合計	18,220	0	18,220		
繰延税金負債（固定）	(C) (30,000)				
繰延税金資産（純額）	(11,780)	0	(11,780)		

第2章　貸借対照表（負債・資本項目）

⑥	⑦		
【当期別表4】	【当期別表5】		
9/30/04	9/30/04		
65,510 ⑧			
50,000 ⑨			
160 ⑩			
115,670 ⑪			
(8,300) ⑫	事業税支払額		
1,530	(3,450) ⑬		⑰繰延税金資産の明細
2,000			（財務諸表注記）
(1,000)			
500			
3,030 ⑭			
			繰延税金資産（流動）
4,850	7,150	2,860 ←	未払事業税
(250) ⑮	500	200 ←	減価償却超過額
4,600	7,650	3,060	小計
			繰延税金資産（固定）
(5,000) ⑯	37,500	15,000 ←	退職給付引当金
(5,000)	37,500	15,000	小計
(400)	45,150		
(110,000)	…⑪+⑬+⑭		
	+⑮+⑯		
			繰延税金負債（固定）
(100,000)	(100,000)	(40,000) ←	有価証券評価差額金

	9/30/04		
	7,650		
	40%		
1,840	(D) 3,060		
	37,500		
	0		
	40%		
(2,000)	(E) 15,000		
(I) (160) ←	(F) 18,060		法人税等調整額
	(G)(40,000)	(40,000)	
	(H)(21,940)	(21,940) ←	繰延税金資産（負債）純額

129

まず，左端の①【期首】から，②【調整項目】，③【前期確定申告書】の欄までの説明です。まず①【期首】からですが，ここには期首（イコール，前期末ですね）将来減算一時差異を記載しています。ここに記載した将来減算一時差異を元に前期の繰延税金資産が計算・計上されているわけです。すなわち税率を40％とした場合，前期の繰延税金資産（流動）は3,050×40％＝(A)1,220，繰延税金資産（固定）は42,500×40％＝(B)17,000と計算され，計上されているわけです。具体的な計算は，上の表の波線の下で行っていますので確かめてみてください。

　おまけにここでは有価証券評価差額金75,000×40％として，繰延税金負債(C)30,000も算定してあります。

　次に，②【調整項目】及び③【前期確定申告書】の欄についてです。設例では，②【調整項目】の欄には何も記載されておらず，③【前期確定申告書】の欄には期首と同じ数値が記載されています。通常はこの形となります。ただし，例外的に前期の決算終了後，確定申告書を提出するまでの間に決算の誤りが発見されることがあります。原則として，この場合は決算自体を修正するべきですが，金額的な重要性がない場合にいちいち決算修正をするのは手間がかかりすぎてしまいます。特に，税務申告書を提出する前に決算発表をしなければならない公開会社の場合にはこの傾向が顕著です。決算発表として公表した数値を修正するということはかなりインパクトのあることですから，そう簡単にはできません。金額的重要性がない場合には，なおさら困難です。

　以上のようなことから，あくまでも例外的にではありますが，金額的重要性がない場合に限り決算数値からの誤りを法人税の申告書で税務調整する場合がありえます。このような場合に限り，調整項目の欄に当該修正額を記載し，前期確定申告書の欄に修正後の法人税申告書で使用した数値を記載することになります。これは例外的な場合ですので，本書の設例では数値を記載してありません。なお，金額的重要性のない場合には税務申告書の修正自体も行わないこ

第2章　貸借対照表（負債・資本項目）

ともありえます。

　続いて，④【当期戻入】，⑤【当期繰入】そして1列飛んで⑦【当期別表5】についてです。まず，④【当期戻入】の欄では期首に計上された一時差異を全額戻入し，そして⑤【当期繰入】の欄で当期末における一時差異を記入し，③【前期確定申告書】，④【当期戻入】，⑤【当期繰入】の合計額，すなわち，⑤【当期繰入】と同額が⑦【当期別表5】の欄に記載されています。ここで，未払事業税は本来，別表5には記載されませんが，このシートでは税効果の計算も検証する目的で作成しているため，あえて未払事業税をここに記載しています。本来，別表5に記載されない未払事業税をここに記載し，未払事業税を含む一時差異に税率を乗じることにより，繰延税金資産，負債の計上額を算定することが可能になるのです。具体的には，⑦【当期別表5】の欄の波線よりも下の部分に，繰延税金資産（流動）が7,650×40％＝⒟3,060，繰延税金資産（固定）が37,500×40％＝⒠15,000，繰延税金資産合計が3,060＋15,000＝⒡18,060，そして繰延税金負債が100,000×40％＝⒢40,000，最後に繰延税金資産（純額）が⒣21,940と計算されています。これらを発生原因別に記載すると繰延税金資産の明細（財務諸表注記）を作成することができます。

　また，期首及び期末の繰延税金資産の差額⒤160が当期の法人税等調整額となります。

　最後に⑥【当期別表4】の説明です。基本的には税務申告書の別表4の内容を記載します。しかし，後に繰延税金資産の金額をこのシートで作成するため，及び未払事業税の金額を当該シートで算定するために一部，税務申告書の別表4とは記載している内容が異なっています。

　上から順番にいきますと，まず⑧当期純利益（税引後利益）からスタートし，⑨法人税，住民税及び事業税，そして⑩法人税等調整額を振り戻して，⑪税金等調整前当期純利益（税引前利益）を算定します。これは，法人税，住民税及び事業税，そして法人税等調整額は税務上，損金もしくは益金と認められないためです。次に，当期の事業税額⑫8,300を税額算定シートからもってきます。なお，税額算定シートについての詳細は後で説明します。ここで，当期事業税

8,300と一時差異としての未払事業税の増減額4,850のネット金額3,450が当期の事業税支払額（事業税は納付時に税務上の損金とされるため，当期の事業税支払額＝当期損金算入額）となっているわけです。その後は永久差異，一時差異を加減算して当期の課税所得を算定することとなります。

上の表では，事業税の損金算入額3,450を⑬で算定していますが，これは当期事業税8,300及び未払事業税の増加額4,850のネット金額になります。事業税については，実際の支払額のみ損金算入されますから，課税所得の計算をする際には事業税の当期支払額3,450（上記表⑬）を損金算入額とします。ここで，あえて当期事業税額8,300と事業税支払額3,450と未払事業税の増減額4,850を別々に算定しているのは，ここで未払事業税の金額チェックをかけているからです。すなわち，この3つの数値のいずれかが間違っている場合，当期事業税8,300－未払事業税の増加額（減少の場合はプラス）4,850＝事業税支払額3,450という式が成立しません。この式が成り立っていることを確かめることにより，一定のチェック機能が働きます。このような一見，面倒くさいことをするのは，課税所得の金額が変われば当然に事業税の金額も変わってしまうためです。

実務的には，別表4を作成している間に会計処理の誤りが発見されるなどして，課税所得が変わることは多々あります。その都度，事業税及び未払事業税の額も修正する必要がありますが，複数回にわたって修正を繰り返すうちに，いずれかの修正をし忘れるということがよくあるのです。このようなことを防ぐため，このように面倒なことをしているわけです。

話を元に戻しましょう。続いて永久差異，一時差異を加減算することにより，当期の課税所得を算定することになります。ここで，上で説明したとおり，事業税については当期の支払額のみが損金に算入される関係で，上から順番に加減算しても課税所得にはなりません。

課税所得を算定するには，⑪税金等調整前当期純利益，⑬事業税支払額，⑭永久差異，⑮短期解消予定の一時差異のうち未払事業税を抜いた金額（事業税に関しては当期損金算入額を⑬で考慮しているため），⑯長期解消予定の一時差異を加減算します。少し複雑なので上の表の数値を具体的に計算してみましょう。

⑪115,670−⑬3,450＋⑭3,030−⑮250−⑯5,000＝課税所得110,000になっていることを確かめてみてください。

　最後に⑦【当期別表5】の説明になります。これについては、未払事業税を除き法人税申告書の別表5と同様の内容になります。そして当然といえば当然ですが、③【前期確定申告書】から⑥【当期別表4】までの合計額になります。
　そして、この⑦【当期別表5】の欄の金額に税率（本書では40％）を乗じることによって、繰延税金資産の明細を作成することが可能になります。
　具体的には①【期首】の波線の下で説明したとおり、一時差異に税率を乗じることにより繰延税金資産及び負債の金額を算定することができます。⑰繰延税金資産の明細（財務諸表注記）の欄をご覧下さい。また、繰延税金資産の当期と前期の金額の差額として法人税等調整額を算定することができます。上の表で確かめてみてください。
　このように通常の別表4、別表5とは異なるフォームを紹介してみました。先にも述べましたように必ずしもこのような表を作らなければいけないということはありません。ただし、別表4及び5と少し異なるフォームの表を作ることによって、別表4及び5の作成ミスを発見できる場合もよくあります。また、このような表に少し手を加えるだけで、事業税及び未払事業税のチェック、そして税効果の計算も一表でできることになります。この結果、課税所得の計算から税効果の計算までの一連の流れが理解できると思いますので、是非あなたの会社の数値を使って上記のようなフォームでの表を作成してみてください。また、計算チェックもお忘れなく。

☑ 税金計算のチェックをする！
Check!

　さあ、これまでで課税所得の計算及び税効果の計算のチェックができました。次は税額計算のチェックをしてみます。ここでは、次のような表を使って説明することにしましょう。

	課税所得	当期税額	中間納付仮払税金	期末残高
法人税				
30.0%×	110,000 →	33,000	(3,200)	29,800
事業税				
3.990%×				
5.775%×				
7.560%×	110,000 →	8,300	(1,150)	7,150
住民税				
20.70%×	33,000 →	6,800	(600)	6,200
住民税均等割		500		500
		48,600	(4,950)	43,650
		(P/L)		(B/S)
帳簿残高		50,000		45,150
当期クッション(計上不足)		1,400		1,500

【クッションの内訳】
前期未払法人税等残高	10,000
確定納付額	(9,900)
前期クッション(計上不足)	100
当期クッション(計上不足)	1,400
	1,500

　なお，税率については東京23区のものを使用しています。また，事業税については所得割についてのみ計算をしています（付加価値割，資本割については課税所得に関連なく算定されるためです）。説明を簡単にするため，事業税の所得割の計算については本来，課税所得4百万円以下及び4百万円から8百万円は適用する税率が異なりますが，課税所得8百万円超の税率を使用しています。実際の税額計算を行う際には，課税所得の金額に応じた税率を使用するようにしてください。

第2章　貸借対照表（負債・資本項目）

　それでは，課税所得の計算から説明を始めていきましょう。法人税の課税所得はすでにチェックしたとおり，110,000でした。法人税及び事業税については，この課税所得に税率を乗じて税額計算をします。一方，住民税は法人税額に税率を乗じて計算します。これらの結果，当期税額欄で法人税33,000，事業税8,300，住民税6,800として算定されます。これに加え住民税均等割が500あるものとします。これらの合計で当期の税額48,600と算定することができました。実際のチェックに当たっては，当該シートで算定した税額と各種税務申告書で算定した税額が一致していることを確かめましょう。

　続いて中間納付／仮払税金の欄で当期の中間納付等の金額を記入し，差引で期末残高を算定します。この期末残高が未払法人税等の残高となるわけです。

　さて，この表で算定された当期の税額（法人税，住民税及び事業税）48,600及び期末残高（未払法人税等）43,650とそれぞれの帳簿計上額50,000及び45,150が異なっていることにお気づきになられた方もいらっしゃると思います。原因は表にも記載したとおり，クッションです。

　クッションとは，税額計算した金額よりも余裕を持たせて多目に法人税，住民税及び事業税，そして未払法人税等を計上することをいいます。なお，クッションを計上する理由は以下のとおりです。

　これまでの説明のとおり，税額計算は手間がかかり面倒なものです。一方で，決算作業中に修正仕訳が入り，その結果，課税所得が変わってしまうことは，これまたよくあることです。その度に税額計算をやり直していると，時間ばかりかかってしまい，いつまでたっても決算が締まらないという事態も予想されます。また，来期以降税務調査が入ることが予想され，そこで多少の否認事項が生じる可能性が高いこと場合などもありえます。

　このような場合に備えて，税額計算の結果よりも多少多目にクッションを積んでおくことによって，いちいち税額計算をし直す必要がなくなり，また，来期以降の税務調査における更正や申告調整に備えることが可能になります。

しかし，このようなクッションを過度に積みすぎると，やはり会計上の損益計算を歪めることになります。そこで，必ずクッションの内容を分析し，過度のクッションを積んでいるような場合には適当な金額まで修正することが必要となります。それでは，具体的に数値を使ってクッションの分析をしてみましょう。P／L（損益計算書）に計上した法人税，住民税及び事業税50,000と税額計算の結果の48,600との差額1,400が当期に計上したクッションになります。

　また，昨年度のクッションは昨年度計上した未払法人税等10,000と当期確定納付額9,900の差額100になります。この100と当期クッション1,400の合計1,500が期末残高（未払法人税等）にかかるクッションであると分析することができます。

　最後に当期のP／L（損益計算書）にかかるクッション1,400，B／S（貸借対照表）にかかるクッション1,500が過大でないかどうかをチェックしましょう。

　法人税，住民税及び事業税50,000に対してクッションが1,400ですからもしかすると少し過大かもしれません。過大であると判断した場合には適正額まで修正仕訳を起票する必要があります。なお，会計上の重要性の基準値についての考え方は「第1章　貸借対照表（資産項目）についての解説　4　固定資産残高」の項で説明をしてありますので，参考にしてください。

☑ 税率差異のチェックをする！
Check!

　それでは，最後に税率差異のチェックにいきましょう。まずは，以下の表をご覧ください。法人税に関するチェックポイントとしては一番重要ですから，十分に理解するようにしてください。

第2章　貸借対照表（負債・資本項目）

```
税金等調整前当期純利益                          115,670    100.00%
法人税，住民税及び事業税        50,000
法人税等調整額                   160            50,160     43.36%
                                                         ←表面税率

税率差異の内訳
  永 久 差 異
    交際費等永久に損金に
      算入されない項目    4,030 ×40.00%       (1,612)    −1.39%
    受取配当金等永久に損益
      に算入されない項目 (1,000)×40.00%          400      0.34%
  当期クッション                                (1,400)   −1.21%
  住民税均等割                                 (  500)   −0.43%
  税 率 差 異                                  (  780)   −0.67%
  そ の 他                                         0    −0.00%
  ＴＯＴＡＬ                                    46,268    40.00%
                                                         ←実効税率

【実効税率の算定】
  (30%×(1+20.7%)+7.56%)／(1+7.56%)＝40.69%
```

　まず，表面税率と実効税率の違いについて説明しておきましょう。表面税率とは，法人税，住民税及び事業税に法人税調整額を加えた金額（以下，「法人税等費用」）を税金等調整前当期純利益（以下，「税引前当期純利益」）で割ったものです。その結果，税引前当期純利益に対する実際に企業が負担している法人税等費用の割合を示しています。

　次に実効税率についてです。誤解を恐れずにいってしまうと，実効税率とは，税引前当期純利益に対し，理論的に企業が負担するべき法人税等費用のことをいいます。両者の違いが非常に微妙なのですが，表面税率は企業が「実際」に負担する法人税等費用の税引前利益に対する割合を表しているのに対し，実効税率は，永久差異等の特別の事象を除いて「理論的」に企業が負担するであろう税率のことをいいます。このように，実効税率はあくまで理論値であることから，税額計算を行う前に算定することができます。上の表の【実効税率の算

定】の部分で計算しているのがそれです。そのため，税効果会計を適用し，繰延税金資産・負債を計上する際にはこの実効税率が使用されます。また，上の表で算定された実行税率は40.69％と表示されていますが（実際には40.693566382……％），実際に繰延税金資産・負債，結果として法人税等繰入額（繰延税金資産の期首残高と期末残高の差額として算定するため）を算定する際には40.7％とか，場合によっては本書のように40％とか41％とかいったようにキリのいい率を使用することがあります。このような場合には，実際の詳細な実効税率と企業が採用した実効税率の差異も，税率差異として把握されます。詳しくは後ほど説明します。

　話をもとに戻しまして，これらの定義からすると表面税率と実効税率は一致するはずですよね。それでは上の表で具体的に見てみましょう。表面税率は43.36％，実効税率が40％となっています。そうなんです。両者はなぜか一致していません。実は両者は違っていて当然なのです。実効税率はあくまで一時差異しか考慮できず，実際に税額を計算する際には永久差異もあるし，クッションもあるし，均等割もあることから，これらを考慮しなければ表面税率と実効税率の差異を埋めることはできないからです。

　ここは非常に分かりづらいところですので，実際に数字を追いながら説明をしていくことにしましょう。まず，表面税率43.36％からです。これと設例で使用している実効税率40％との差異を分析していくことになります。ここで，実際の実効税率は40.69％と算定されていますが，実際に税効果会計を適用する際に，キリのよい数値を使うことはすでに説明しました。この設例ではキリのよい数値として40％を実効税率として使用しているわけです。

　それでは，税率分析を始めていきましょう。まず，差異の原因として永久差異があります。この設例では，交際費等永久に損金算入されない項目と受取配当金等永久に益金に算入されない項目を挙げてあります。永久差異はその名の

第2章　貸借対照表（負債・資本項目）

とおり，永久に損金もしくは益金に算入されることはないため，将来の利益（及び損失）を先取りするのが趣旨である税効果会計の適用はありません。理論値である実効税率と実際の負担率である表面税率との差異原因となります。

交際費等永久に損金に算入されない項目については本来であれば損金に算入される性質のものですが，税法の規定により損金に算入されず，結果として税額，ひいては表面税率を押し上げています。上の表では表面税率を実効税率へ調整していますので，交際費等の金額4,030×実効税率40％＝1,612だけ税額を増やしてしまっています。これを税率に置き換えてみると1,612÷税引前当期純利益115,670＝1.39％となります。上の表では，交際費等によって押し上げてしまった税率をマイナスすることによって税率を調整しているわけです。

これに対して受取配当金等永久に損金に算入されない項目については，まったく逆のパターンです。

その他永久差異としては，罰科金，延滞税等も挙げられます。その他，同族会社における留保金課税などもこれらの永久差異と同様の効果をもたらします。

続いて当期のP／L（損益計算書）にかかるクッション1,400も本来であれば，必要のない税額を政策的に積み増したものですから，税額及び税率を押し上げる効果をもたらしています。住民税の均等割も同様です。このほかに繰越欠損金にかかる繰延税金資産に対する評価差額金（実際は繰延税金資産を計上しなかったのと同様の効果があります）を設定した場合も本来計上されるべき法人税等調整額（利益サイド）が計上されないわけですから，税額及び税率を押し上げる効果をもたらすことになります。

最後に税率差異についてです。この設例では，実効税率を40.693566382……％ではなく，40％を使用しています。このため，このような調整過程を経た結果，本来であれば表面税率43.36％が40.693566382……％へ調整されるはずです。

しかし，実効税率を40％としているため，40.693566382……％と40％の差，具体的には0.693566382……％だけ税率，税額を押し上げています。具体的には，税額で115,670×0.693566382……％＝802，税率で802÷115,670＝0.69％です。

その他，40％の実効税率を使用している法人税等調整額160，受取配当金等

請求に益金に算入されない項目1,000が同様の理由で税額・税率を押し上げています。また，これとは逆に交際費等永久に損金に算入されない項目4,030が税額・税率を引き下げる結果となっています。これらをすべて加味すると税率差異の欄の（780）及びマイナス0.67％という数値になります。

　このようにこの設例では，完璧に税率差異の原因を把握することができたため，その他の項目がゼロになっています。しかし，実務的には住民税，事業税のような地方税は事業所の所在地によって税率が異なりますし，事業税の税率の課税所得が400万円まで，400万円超800万円まで，そして800万円超とで税率が異なります。事業所の数が多い場合，これらをすべて税率差異として把握するのは困難です。そのため，実務的には税率差異が完璧にゼロになることはほとんどありません。そのため，この税率差異の分析では「その他」がほぼゼロに近づけば，おおむね法人税等費用の計上額は妥当であると判断してよいということになります。

　表面税率と実効税率の差を上記のように分析し，差異原因が妥当なものである場合でも，あくまで法人税等費用の金額がおおむね妥当であるという結論にしか至りません。法人税等費用はあくまで，法人税，住民税及び事業税と法人税等調整額の合計ですので，両者の収支があった場合にはこのチェックの仕方では判明しません。これは，別表のチェックをしっかりするしかないと思います。しかし，よほどの多額の差異が出ない限り最終の損益に影響を及ぼさないため，大きな問題とはならないと思います。また，このような税率差異のチェックシートを作成できれば，ほぼそのまま財務諸表注記とすることができます。ただし，注記では上記の表と異なり法定実効税率から始まって表面税率への調整過程を表示することとされています。参考までに上の設例を使って財務諸表注記を作成した場合の例を示しておきます。もちろん，はじめから財務諸表注記をベースとした税率差異の分析をしてまったく問題はありません。

第2章 貸借対照表（負債・資本項目）

【法定実効税率と税効果会計適用後の法人税等の負担率との間の差異の原因となった主要な項目別の内訳】

法定実効税率	40.00%
（調　整）	
交際費等永久に損金に算入されない項目	1.39%
受取配当金等永久に益金に算入されない項目	△0.34%
住民税均等割	0.43%
その他	1.88%
税効果会計適用後の法人税等の負担率	43.36%

　設例のような税率差異やクッションは通常，別掲の項目としては開示しません。なぜならあくまでも政策上の観点，実務上の簡便性といった観点から生じるものであり，合理的な説明がつかないからです。ただし，この注記例を見るとその他が少し目立ちます。結果としていえば，やはり当期のクッションは積みすぎといえるかもしれませんね。

5 その他の負債残高

Check Point!
- 勘定明細の計算チェックをする！
- 勘定明細と総勘定元帳の金額の一致を確かめる！
- 現物もしくは証憑とのチェックを実施する！
- 増減分析等を実施する！
- 未決済勘定に注意！
- その他の内訳に注意！

【設 例】
下記の残高明細をもとに，その他の負債勘定をチェックしてみましょう。

【その他の負債勘定明細書】

未 払 費 用	3,500
前 受 金	500
仮 受 金	100
そ の 他	200
計	4,300

> 合計額の計算チェックをする！
> 総勘定元帳と一致していることを確かめる！

☑ 勘定明細の計算チェックをする！

☑ 勘定明細と総勘定元帳の金額の一致を確かめる！

　まずは，計算チェックから始めましょう。その他のチェックポイントは「第2章　7　その他の資産残高」とほぼ同様です。それでは，「その他の資産残高」の項で説明したものと同じチェックポイントにしたがって，設例の勘定明細をチェックしていきましょう。

☑ 現物もしくは証憑とのチェックを実施する！

　設例でいいますと，前受金については契約書なり，少なくとも銀行通帳等の入金データを確認することができますね。未払費用についてですが，これは経過勘定ですので元の費用項目の計算が正確であることを確かめるのが先決です。

　たとえば未払利息であれば支払利息の妥当性ですね。これは「第2章　2　借入金残高」の項で説明したオーバーオールテストの手法を実施することによって確かめられます。このようにして，そもそもの費用項目が妥当であるとすれば，あとは未経過期間の確認だけです。

　具体的な数値を使って計算してみましょう。ここでは，例を単純化するために設例の未払費用3,500のうち，400を未払利息だとしましょう。それ以外の条件を以下のとおりとします。なお，損益計算書に計上されている支払利息は1,600とし，これについてはオーバーオールテストの結果，おおむね妥当であることが分かっているとします。

```
決算日：9月30日
利払日：年1回　6月末日
```

　未経過期間は7月1日から9月30日の3ヶ月ですね。未経過期間とは理論的

には利息がもらえるはずだけど,利払日の関係で実際にお金を支払っていない期間を言います。もちろん,受取利息の場合にはまだ払っていない期間のことを指します。契約書等で未経過期間さえ分かれば,支払利息1,600×(3ヶ月／12ヶ月)＝400と計算することができます。

☑ 増減分析等を実施する！

「その他の資産残高」の項でも説明しましたが,通常の場合,「その他」の項目というのは金額的にあまり大きくありません。そのため,ここをチェックする時間をかけすぎてしまうと,他のチェックポイントにかける時間が少なくなってしまいます。そこで,「その他」のエリアなどは増減分析を中心にしたチェックをするようにして,他の項目に割く時間を確保することが必要です。

ただし,「その他の資産残高」の項の繰り返しになりますが,増減分析の前提は「比較する,たとえば対前年同期などの数値が正しいことを確かめていること」です。本書で説明している「現物もしくは証憑とのチェック」などをまだ実施したことがないような場合には,「現物もしくは証憑とのチェック」などを実施して残高固めをする必要があります。これさえできれば,それ以降は基本的に増減項目のフォローだけで済んでしまいます。

☑ 未決済勘定に注意！

「その他の資産残高」で説明した,仮払金と同様です。仮受金もその名の示すとおり,「仮」に受けた勘定です。本来であれば,預り金等の負債,もしくは収益として認識すべきものです。仮払金と同様,内容を調査して決算時には残高を残さないようにしましょう。金額が少ないから今度にしよう,というスタンスは危険です。金額が少ないからこそ,できるだけ早い段階で原因を突き止めておかないと,調査しても内容をつかめなくなる可能性が非常に高くなってしまいますよ。

☑ その他の内訳に注意！

　これも「その他の資産残高」の項で説明したとおりです。「その他の負債」の中の「その他」には経理担当者も内容がよく分からないようなものが含まれている可能性大です。内容をよく確かめて，変なものが紛れ込んでいないかチェックしておくようにしましょう。

6 資本勘定残高

Check Point!
- 勘定明細の計算チェックをする！
- 勘定明細と総勘定元帳の金額の一致を確かめる！
- 資本金は登記簿謄本記載の金額との一致を確かめる！
- 資本剰余金は過去の経緯を一度は確かめる！
- 利益準備金は法定の繰入額を確かめる！
- 当期未処分利益は前期繰越利益の引継ぎをきちんと確かめる！
- その他有価証券評価差額金は税効果を考慮してあることを確かめる！

第2章　貸借対照表（負債・資本項目）

【設　例】
下記の残高明細をもとに，資本勘定をチェックしてみましょう。
【資本金勘定明細書】

資　本　金		2,000,000
資本剰余金		
資本準備金	1,000,000	1,000,000
利益剰余金		
利益準備金	100,000	
当期未処分利益	1,905,810	2,005,810
その他有価証券評価差額		60,000
計		5,065,810

> 合計額の計算チェックをする！
> 総勘定元帳と一致していることを確かめる！

☑ **勘定明細の計算チェックをする！**
Check!

☑ **勘定明細と総勘定元帳の金額の一致を確かめる！**
Check!

まずは計算チェックから始めましょう。忘れずにきちんとやりましょうね。

☑ **資本金は登記簿謄本記載の金額との一致を確かめる！**
Check!

それでは，資本金からいきましょう。これは簡単です。決算日以降の登記簿

謄本をとって，そこに記載されている資本の額と勘定明細に記載されている金額が一致していることを確かめます。決算日以前の謄本ですと，万一それ以降に増資をしていると決算日時点での資本金残高と登記簿謄本記載の資本の額が一致しなくなりますので，必ず決算日以降の登記簿謄本をとるようにしましょう。

設例でいえば，決算日以降の登記簿謄本の資本の額が2,000,000と記載されていることを確かめればそれで終わりです。念のためですが，決算日以降に増資をしているような場合には，勘定明細と決算日の勘定明細の金額が一致しません。この場合には，決算日以降，増資前の登記簿謄本をとるようにしてください。

☑Check! 資本剰余金は過去の経緯を一度は確かめる！

資本金と異なり，資本剰余金残高は簡単にチェックできません。なぜなら，その計上方法に必ずしも決まりがないからです。会社設立及び新株発行時等の資本組入額によっても大きく異なってきますし，合併差益なども資本剰余金に含まれます。現在では，自己株式処分差損益も資本剰余金に含まれます。そのため，一度どのようなプロセスを経て現在の資本剰余金残高が構成されているのかをきちんとドキュメント（文書化）しておきましょう。一度やってしまえば，今後はその後の変動だけフォローすればよいわけですから，一度は，きちんと過去の経緯を確かめておきましょう。

設例における資本剰余金には，資本準備金しかありませんので，この1,000,000がどのような経緯で計上されたのかをきちんと調べて，根拠書類とともにドキュメントしておくことをお勧めします。資本剰余金は毎年変動するようなものではないので，きちんとした形で資料を残しておかないと担当者が変更するなどして，後で過去の経緯を調べるのに莫大な時間を浪費することになります。これを避けるためにも，きちんとしたドキュメントが必要なのです。

第2章　貸借対照表（負債・資本項目）

☑ 利益準備金は法定の繰入額を確かめる！

　利益準備金は，資本準備金の金額とあわせて資本金の1／4になるまでは利益処分として支出する額の1／10以上を積み立てる必要があり，これは中間配当の際にも同様です。設例でいいますと，利益準備金100,000＋資本準備金1,000,000＞資本金2,000,000×1／4＝500,000ですから，これ以上の積立の必要はありません。利益準備金は，資本の欠損填補及び資本組入にしか使用できませんので（商法289条），基本的にこれ以上の積立は不要です。

☑ 当期未処分利益は前期繰越利益の引継ぎをきちんと確かめる！

　続いて当期未処分利益にいきましょう。おさらいですが，当期未処分利益は前期繰越利益と当期純利益の合計です。設例では，当期未処分利益が1,905,810ですので，たとえば前期繰越利益が1,840,300で，当期純利益が65,510の合計1,905,810であればOKということになります。

☑ その他有価証券評価差額金は税効果を考慮してあることを確かめる！

　設例の数値をチェックしましょう。今回の決算にかかる有価証券の含み益が100,000で税率が40％であるとしましょう。その他有価証券評価差額金は税効果考慮後の数値ですので，100,000×40％＝40,000は繰延税金負債として計上されます。その他有価証券評価差金は，含み益100,000－その他有価証券評価差額金にかかる繰延税金負債40,000＝60,000と算定できます。この金額が設例の勘定明細と一致していますので，OKということになります。

【補足】

▶その他有価証券に含み損がある場合の税効果会計の適用について

ここで，減損処理をする必要がない程度の含み損がある場合の税効果について説明しておきます。含み損ですから，含み益がある場合とは逆に将来減算一時差異ですから，繰延税金資産の計上対象となります。

しかし，その他有価証券は通常，売却時期が不明ですからスケジューリング不能一時差異ということになります。そのため，P.74, 75で説明した表の①の会社（儲かっているので，細かいことをいわなくても繰延税金資産を計上できる会社）及び②の会社（業績の安定している会社）については，将来の税金節約効果をまず享受できるであろうことから，当該繰延税金資産の計上が認められます。

また，③（業績に不安定な会社）と⑤の会社（税務上の欠損金があるが，特別な要因によって欠損が出てしまった会社）については，おおむね5年間を限度に見込まれる課税所得からスケジューリング可能な一時差異を控除した金額にあまりがあれば，その範囲で繰延税金資産を計上できます。少し分かりにくいですが，減損処理をする必要がない程度の含み損がある場合の繰延税金資産は無条件に計上できるわけではありませんので，注意してください。

▶繰延税金負債は原則として必ず計上するのでしょうか？

最後に補足です。では，どうして繰延税金資産はこれほど回収可能性について，うるさくいわれるのに，繰延税金負債はあれこれいわれないのでしょうか？

繰延税金資産は将来の税金のマイナス効果を先取りしますから，将来確実にマイナス効果がないと計上してはダメ，というスタンスが基本です。

逆に，繰延税金負債は将来の税金割増払いの先取りです。そのため，将来に絶対に税金を払わない場合にのみ計上しなくてもよいのです。これは

将来にわたって利益が出ないことを公言することに他ならずよほどの度胸があるか，もしくは開きなおりがないとできるものではありません。ちなみに，「個別財務諸表における税効果会計に関する実務指針」第24項においては，「事業休止等により，会社が清算するまでに明らかに将来加算一時差異を上回る損失が発生し，課税所得が発生しないことが合理的に見込まれる場合」には繰延税金負債を計上しないことを認めています。

　結論として，まともな会社で繰延税金負債を計上しないことは事実上，不可能ということになります。

第3章

損益計算書

　これまで説明してきましたとおり，本書では貸借対照表のチェックを中心としたバランスシートアプローチを採用しています。バランスシートアプローチのもとでは，これまで説明してきたとおり，貸借対照表の残高をきちんと固める作業が中心となり，損益計算書は分析中心のチェックとなります。
　それでは，これまでのおさらいと損益計算書のチェック方法についての概説から始めていきましょう。

1 損益計算書のチェックをするに当たって

　これまでで，貸借対照表に関するチェックポイントについての説明をしてきました。本書の冒頭でも述べさせていただきましたとおり，決算書を短期間でチェックしようと考えると，どうしてもバランスシートアプローチをとる必要があると思います。繰り返しになりますが，損益計算書のチェックに入る前にもう一度おさらいしておきましょう。

　損益計算書は1年間の取引をすべて集計したフローの情報です。たとえば，損益計算書の売上高は1年間の取引件数の情報すべてが集計されています。1ヶ月1,000件の売上がある会社では，1年間で1,000件×12ヶ月＝12,000件の数字を集計したのが損益計算書です。小売業にいたっては，1年間の売上数量が天文学的な数値になってしまっておかしくありません。これをすべてチェックするのは事実上，不可能です。

　これに対して貸借対照表は，あくまで決算日時点での残高，いわゆるストックの情報です。たとえば，損益計算書の売上に対する貸借対照表項目は売掛金ですが，当然のことながら，回収済みのものは残高として残っていません。そのため，仮にすべての残高をチェックするとしても，売上高の数分の一の労力で済むはずです。また，すでに貸借対照表項目でも説明しましたが，残高確認手続ですとか，回転期間分析（これは売上高自体が妥当であることが前提ですが）などの手法を用いることにより，比較的短時間でチェックすることが可能でした。

　そして，もうひとつが非常に大切なことです。貸借対照表がきっちりと作成されていれば，最終の利益金額も確定するということです。大切なことなので，もう一度，図を使って説明しておきましょう。

第3章 損益計算書

貸借対照表（B／S）

資　産	負　債
	資　本
	利　益

損益計算書（P／L）

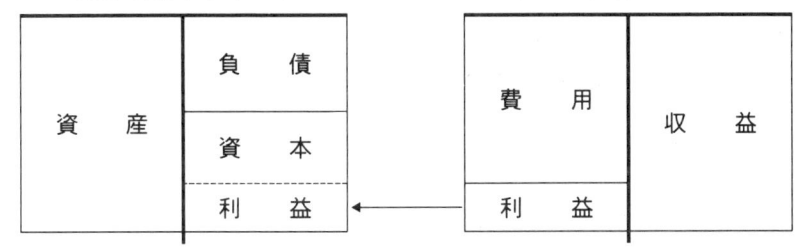

費　用	収　益
利　益	

　まず，貸借対照表の数値をきちんとチェックします。その結果，資産－（負債＋資本）＝当期利益，という算式が成り立ちます。なお，ここでは前期繰越利益は資本に含まれていると考えてください。なお，いうまでもないことですが，損益計算書の利益は，上の表でもお分かりのとおり，収益マイナス費用として算出されます。

　さて，この式が成り立つということは結果として，貸借対照表の数字をきちんとチェックした時点で，損益計算書の最終の利益の金額が把握できるということなのです。そのため，貸借対照表のチェックポイントについては，できる限り詳しく説明してきました。

　一方，損益計算書についてはどうでしょうか？さきにも説明しましたとおり，損益計算書はフローの情報であるがゆえに，チェックすべき対象項目が貸借対照表と比較した場合にかなり多いのです。そのため，伝票を端から端までチェックする方法をとることができません（これは貸借対照表でも同様ですが）。

　また，利益は確定しているため，あまり細かい点を突っ込んでも仕方がないともいえます。そこで，損益計算書をチェックするに当たっては序章で述べた2つのポイント，すなわち，

(1)　分析を中心とした，上から全体を見下ろすようなチェック
(2)　証拠資料を1つ1つチェックするような積上げ的なチェック

のうち，貸借対照表にも増して(1)が重要になります。そのため，貸借対照表以

上に自分で考えること，また経験や業界に対する知識が必要になってきます。これらの点については各項目でも折にふれて説明していくつもりです。それでは，次のページから損益計算書の各論に入っていきましょう。

2 売上高，売上原価，売上総利益

Check Point!
- 勘定明細の計算チェックをする！
- 勘定明細と総勘定元帳の金額の一致を確かめる！
- 分析を実施する！
- 上記の分析結果は一般常識からかけ離れていないか？
- 押し込み販売の事実はないか？
- 粗利管理，特に逆ザヤ物件の管理は適切か？

【設 例】
下記の損益計算書をもとに，売上高，売上原価，売上総利益をチェックしてみましょう。

【損益計算書】

売 上 高	2,000,000
売 上 原 価	1,500,000
売 上 総 利 益	500,000

☑ **勘定明細の計算チェックをする！**

☑ **勘定明細と総勘定元帳の金額の一致を確かめる！**

まずは計算チェックから始めましょう。損益計算書でもまったく同様です。忘れずにきちんとやりましょう。また，総勘定元帳と一致していることもあわ

せて確認するようにしてください。

☑ 分析を実施する！

- 支店別などの事業所別の損益は合理的か？
- 対前年同期分析，月次推移分析，予算実績分析を中心とした分析結果は合理的か？
- 売上原価，売上総利益の分析は粗利率の分析を！

　すでに説明しましたとおり，損益計算書のチェックとしては分析が中心となります。分析というと何かとても難しいことをいっているように感じますが，本書では決算書が正しく作成されているかのチェックを目的としていますので，難しい係数をゴチャゴチャと計算するようなやり方は必要ありません。貸借対照表をきちんとチェックすることにより，最終の利益は確定しているわけですから，損益計算書の各項目に非常識な点がないか，どうかをきちんと見ていけば，それでOKということになります。

　この点，会社の経営者，管理部門の方々にとっては有利かもしれません。なぜならば，売上高や利益といった数値については，経営陣も常に目を光らせていることが多いからです。たとえば，月次決算報告などですね。もちろん，月次決算をする際には貸借対照表も作成しますが，経営陣に報告する数値のほとんどは損益計算書の情報になると思います。ここで，どこまでの業績報告・分析を実施しているかは各社によって異なります。たとえば，売上高だけであったり，売上総利益までであったり，はたまた当期純利益まで月次報告の対象となっている場合もあるでしょう。たとえ，売上高までの報告しかしていなかったとしても，経営者，またその元数値を集計している管理部門の方にはある程度のイメージの数値が入っていることと思います。

一方で，監査法人等のサイドは月次決算を毎回チェックしているわけではありませんので，少なくとも経営陣への月次決算報告を毎月，会社から入手，目を通しておくことによって月次の業績推移のイメージをつかんでおく必要があります。

【補足】 月次決算をきちんとしていますか？

　ここで，本題からは少し離れますが，月次決算について少し説明してみます。月次決算は基本的に月次業績の概要把握のために行われます。一定規模の会社になれば，当然，予算を作成して経営に当たっていますが，月次ベースでこの予算達成度をきちんと把握し，予算と実績の差異を分析して，これを基にした対策を適時に打っておかなければ，予算を達成することは困難です。そして，この月次決算をきちんとやっておくことによって，結果としてですが，半期・年度決算の負担が軽くなるというわけです。

　では，月次決算はどのくらいの期間で締めるべきでしょうか。結論からいうと翌月10日頃完成が目処となります。業績の適時把握という目的からは，できるだけ早いほうがよいという点については異論がないと思います。翌月末になって，前月月次決算のデータを見てびっくりした，なんてことをしていると手遅れになってしまいます。また，株式公開の審査基準として，月次決算を翌月10日以内に完成させる必要があることも知られています。

　実際，月次決算を導入されているあなたの会社では，どのくらいの期間で月次決算を締めていますか？また，月次決算をまだ導入していないあなたの会社がどのくらいで月次決算を締めることができると思いますか？

　おそらく，翌月10日（営業日でいうと7～8営業日）ではまず無理，というのが大方の回答なのであろうと思います。私が実際に業務で携わった決算早期化案件のほとんどは，実は月次決算を「まじめ」にやりすぎているがために，結果として，月次決算を締めるまでに多くの時間を要してしまっていました。

対応策としては，「まじめ」にやりすぎないことが重要です。具体的に考えてみましょう。まず，外部からのデータがこないため，これの到着を待つがゆえに決算が遅くなってしまうケースです。これが一番多いと思います。たとえば水道光熱費などです。水道料の請求書が翌月10日に会社に届かなければ，水道光熱費を計上することはできません。また，売上についてもありえます。たとえばゲームセンター内に清涼飲料水の自動販売機を業者に入れさせていたとしましょう。清涼飲料水の自動販売機については売上本数×一定の価格をもって売上金額を決定するということがよくあります。この場合も，上で説明しました水道料の請求書と同じように，清涼飲料水の業者からの売上データが翌月10日に到着しなければ，売上を計上することができないといった具合です。

　結論から申し上げますと，確定決算ではありませんので，このあたりの細かい話は一切，気にする必要はありません。月次決算は法律で決められたものでも何でもありませんので，細かいことは気にする必要はないのです。ですから，基本に返って月次決算の目的，すなわち，月次業績の概要把握さえできればよいのです。

　具体的に上記の例に当てはめてみれば，水道光熱費や清涼飲料水売上高の重要性が低い場合には前月分のすでに請求書が到着した分を経費もしくは売上計上すればよいのです。ここは純粋な発生主義ではありませんが，月次決算の趣旨である，月次業績の概要把握という観点からすれば，まったく問題ないのです。

　月次決算を遅らせている要因はこれだけではありませんが，すべて月次決算の趣旨である，月次業績の概要把握という観点から重要であるか，そうでないかと判断し，重要でないと判断された場合は上記で説明したような簡便的な方法をとるようにしてみてください。

それでは，話を元に戻しましょう。まず，支店等の事業別の売上，売上原価，売上総利益にかかる損益推移からみていきましょう。本社のみの事業所の場合にはこの方法は該当しませんが，多くの会社の場合，いくつかの事業所を持っていて，各事業所に責任者を置いていることが多く，この事業所の責任者が当該事業所の最終的な業績について責任を負うこととなっていることが多いと思います。

　このように責任を負わせるからには，事業所別の業績実績報告をしているはずです。たとえば，以下のような事業所別の業績報告がされていたとします。

【事業所別業績報告書】

	東京本社	沖縄支店	札幌支店	全社合計
売上高	1,000,000	750,000	250,000	2,000,000
売上原価	750,000	570,000	180,000	1,500,000
売上総利益	250,000	180,000	70,000	500,000
粗利率	25％	24％	28％	25％

　まず，粗利率の説明をしておきましょう。会社によって少し使い方が違う場合がありますが，基本的に粗利率＝売上総利益率と考えておいてください。当然のことですが，粗利＝売上総利益です。なお，粗利の読み方は「あらり」です。実務的には売上総利益とか売上総利益率とはあまりいわれずに，粗利もしくは粗利率という用語が用いられることが多いので，あえて「粗利率」という用語を使用しています。

　それでは，具体的な内容に入っていきましょう。まず，全体の数値からです。全体の粗利が25％で，東京本社25％，沖縄支店24％，札幌支店28％となっています。ここで，どのようなことを考えるべきでしょうか？全社平均では，粗利率25％で，かつ一番売上の多い東京本社の粗利率も全社平均と同じ25％になっています。これに対し，沖縄支店，札幌支店の粗利率はそれぞれ24％，28％となっています。ここから想像するに沖縄支店は地域的な市場の問題，取

扱商品の問題，もしくは営業部隊の不振等で粗利率が全体よりも悪く，札幌支店は同様の理由，もしくは営業部隊の奮闘により粗利率が全社平均よりも良くなっているのではないか，というようなことが予想されます。

　このような想像と，従来の月次決算の結果報告とのベクトルがおおむね狂っていなければ第一段階はクリアということになります。この時点で経営者，もしくは管理部門の方が感覚的におかしいと感じることがあれば，きちんと内容を調査するようにしてください。販売や購買関連にシステムを導入している場合，システムエラーや入力ミスなどにより，とんでもない数値が算出されてしまうこともまれにあります。特にシステムを入れ替えた直後などはシステムが原因になるもの，人の原因によるものを問わずエラーが生じるのがむしろ当然です。このため，システム移行時には旧システムを新システムと平行して動かす，ということがよくあるのです。たしかにコストはかかってしまいますが，万一，新システムがパンクした場合に取り返しのつかないことになります。また，パンクした場合の復旧に要するコストは，新旧システムを平行稼動させておくのにかかるコストと比較にならないくらい多額になります。この点，甘く見ている経営者の方が非常に多いと思います。十分に注意してください。

▶対前年同期比較について

　続いて，対前年同期分析に入っていきましょう。前期の数値が以下のとおりであったとして説明をしていきます。

【事業所別業績報告書】

〔当　期〕	東京本社	沖縄支店	札幌支店	全社合計
売　上　高	1,000,000	750,000	250,000	2,000,000
売　上　原　価	750,000	570,000	180,000	1,500,000
売　上　総　利　益	250,000	180,000	70,000	500,000
粗　利　率	25%	24%	28%	25%

〔前　期〕	東京本社	沖縄支店	札幌支店	全社合計
売　上　高	900,000	800,000	240,000	1,940,000
売　上　原　価	648,000	620,000	175,000	1,443,000
売　上　総　利　益	252,000	180,000	65,000	497,000
粗　利　率	28%	23%	27%	26%

　まずは，東京本社から見てみましょう。売上が900,000から1,000,000に増加しているにもかかわらず，粗利がまったく増えていません。この結果，粗利率が28％から25％へと3％も下落してしまっています。まず，この要因を突き止めなければいけません。この要因を突き止める方法としては，月次決算報告を見直したり，さらには東京本社責任者へのヒアリング等を実施する方法が考えられます。それでは，まず，粗利率が3％下落しているというのは，相当のダメージですから原因が必ずあるはずです。このような粗利率が大幅に落ちている要因を自分で考えてみましょう。

　一般的に新製品の発売が遅れるなどの理由により，販売商品製品自体の競争力が落ちてしまう場合，または競合他社の製品力，営業の向上，原価低減などの結果，自社販売が落ちてしまう場合等が考えられます。しかし，その一方で東京本社は売上を伸ばしています。これは売上を何としても上げるために，値引を乱発して売上高を確保したのではないか，ということが予想できます。

　たとえばですが，このように予想した増減理由と，月次決算報告や東京本社の責任者へのヒアリング結果とすり合わせをしてみてください。おおむね内容

が合致している，もしくは合致していなくとも合理的な説明がついている，という状態であればおそらくはそれほど大きな間違いはないものと考えてよいでしょう。

　ここでは，考えられるほんの一例を挙げましたが，業種の違い，メーカー・販社といった業務形態の違い，また国内中心の営業なのか，国際的な営業を行っているのかなどによって粗利が減少する理由というのは，星の数ほど考えられます。そのため，本書ですべての事由をサンプルとして挙げることはできませんが，できる限り順番を追って説明をしていきますので，是非とも本書から考え方を会得するようにしてみてください。そのため，自分でも考えながら本書を読み進めてみてください。

　続いて，沖縄支店について説明していきましょう。まず売上高800,000から750,000へと50,000ダウン，反面，粗利は180,000のまま増減ありません。その結果，東京支店とは逆に粗利率は23％から24％へと改善しています。売上高が減少している原因としては，先にも述べましたとおり，新製品の発売が遅れるなどの理由により，販売商品製品自体の競争力自体が落ちてしまう場合，または競合他社の製品力，営業の向上，原価低減などの結果，自社販売が落ちてしまう場合等が考えられます。その一方で，東京本社とは異なり，沖縄支店では粗利が減少せず，粗利率が改善しているということは，値引などは極力抑えたうえで，相当の原価低減が実施されているとみるべきでしょう。たとえば，大量一括購入をして購買単価を大幅に下げた，もしくは人員配置を見直した結果，人件費が大幅に下落した，さらに外注先の見直しを行い，外注費が大幅に削減された，もしくは仕入経路を見直すことによって原材料費の調達にかかる物流費を大幅に削減した，などの原因があったものと推察されます。

　最後に札幌支店にいきましょう。まず，売上高が240,000から250,000へと10,000増加し，粗利率も27％から28％へと１％改善しています。売上が増加した要因ですが，一般的には魅力ある新製品等の導入の結果である，ということ

も十分に考えられます。しかし，東京支店，沖縄支店の分析の結果，どうも魅力的な新製品は投入されていないようですから，別の原因が考えられます。常識的に考えれば，営業努力によって新規の大口顧客を獲得したとか，従来からの得意先に過去の実績が認められた結果，過去と比較して特定の得意先への販売が増加した，等々の理由が考えられるでしょう。これにあわせて粗利率も改善していますから，上記の理由によるような売上高の増加にプラスして，沖縄支店の項で説明したような原価低減も実施されていると予想できます。

　これらの予想結果を東京本社で行ったように，月次決算報告や沖縄支店，札幌支店の責任者へのヒアリング結果とすり合わせをしてみてください。おおむね内容が合致している，もしくは合致していなくとも合理的な説明がついている，という状態であればおそらくはそれほど大きな間違いはないものと考えてよいと思います。

▶月次推移分析について

　次に月次推移分析について簡単に説明しましょう。上の設例のうち東京本社を例にとって説明を進めていくことにしましょう。

【東京本社月別業績報告書】

	年度合計	1月	2月	3月	4月	5月	6月
売　上　高	1,000,000	72,000	70,000	65,000	72,000	82,000	86,000
売 上 原 価	750,000	54,000	51,800	49,400	54,720	62,320	65,360
売上総利益	250,000	18,000	18,200	15,600	17,280	19,680	20,640
粗　利　率	25.0%	25.0%	26.0%	24.0%	24.0%	24.0%	24.0%
		7月	8月	9月	10月	11月	12月
		105,000	120,000	98,000	80,000	80,000	70,000
		78,750	90,000	73,500	60,000	59,200	50,950
		26,250	30,000	24,500	20,000	20,800	19,050
		25.0%	25.0%	25.0%	25.0%	26.0%	27.2%

それでは，売上の推移からです。売上が7月から9月に最盛期を迎え，徐々に冬にかけて売上が落ちていっています。次の項で説明しますが，このような季節変動が明確である業種については，このような季節変動が一般常識からかけ離れていないものであるかどうかをまず確認してください。この例で考えてみると，たとえばビールメーカーや清涼飲料水メーカーのように明らかに夏場に販売の最盛期を迎えるような業態であれば問題ありません。しかし，たとえばパソコンメーカーのように一般的にはビールメーカーのような夏場偏重の傾向のない業界の場合に，上の例のような季節変動が仮にあった場合には，その内容について調査し，その原因が合理的であることを必ず確かめるようにしましょう。

　具体的にいうと，たとえば7月に新発売になったパソコンが大ヒットし，夏場の売上に貢献したにもかかわらず，その他の時期の新発売製品は振るわなかったなどの原因があるような場合です。このような場合にも，基本的にパソコンは年4回，3ヶ月ごとに新製品を発売するなどの一般常識があれば，なぜ他の時期の新製品はそんなに売れなかったのだろうか，というような疑問もわいてくるはずです。

　ここでは仮に，この会社がビールメーカー等の売上高に夏場偏重の傾向がある会社であることを前提に話を進めていきます。このように売上が夏場偏重の傾向があるとはいえ，その具体的内容について把握することなしに，決算書がきちんと作成されているかどうかを判断することはできません。そのような観点から売上高の推移を見ていくと，基本的には7月8月を頂点としたカーブを描きつつ売上が推移しています。参考までに売上高の推移をグラフで示してみましょう。必ずしもこのようなグラフを作成する必要はありませんが，表計算ソフトを使用することにより，造作なく作成できるうえ，視覚的に変動を捉えることができますので，損益計算書の分析等に当たっては必要に応じ，このようなグラフを用いてもよいでしょう。

【東京本社売上高推移】

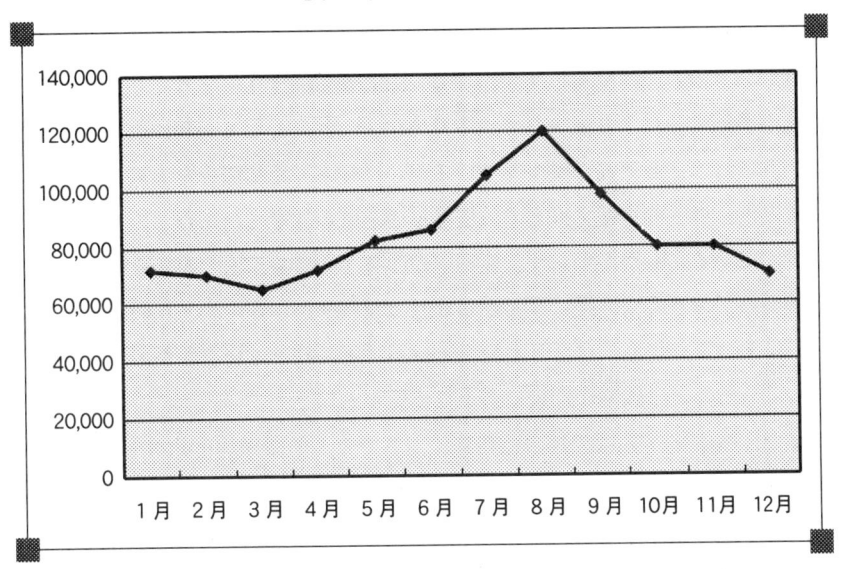

 それでは実際にグラフを見ていきましょう。まず，気になるのは3月の売上の落ち込みです。ビールメーカーであれば冬が明けて徐々に暖かくなってくる3月には売上が伸びてきてもよいはずです。販売戦略の失敗，新製品が思ったよりも伸びなかった等の理由があるかもしれません。

 また，次に気になるのが月別売上高の差が大きすぎることです。売上の一番大きい月は8月の120,000で，一番小さい月が3月で65,000となっています。いくら季節変動が激しいビールメーカーとはいえ，これだけの差が出てきてしまうものか疑問があります。もしかすると冬場は大幅な値引きをしているのかもしれませんし，実際にビールメーカーというのは月別の売上高推移で見ると，これほどの差があるのが通常かもしれません。このような場合には，関連部署にヒアリングするとともに，過去数年分の月次推移表を作成するなどして，毎年似たような傾向があるということのウラをきちんと取っておきましょう。

 続いて売上原価，売上総利益についていきましょう。これについてはこれま

でと同様、粗利率の推移を見ていくことにします。年間を通した粗利は25%です。これに対し、2月、11月が粗利26%、3月から6月が24%、そして特筆すべきが12月の27.2%です。まず、2月、11月からいきましょう。2月、11月は売上が季節変動により減少している月です。これに対して粗利が改善しているということは、販売高が減少している月には無理した値引きを実施していないですとか、外注費を極力抑えて、製品原価を減少させているなどの、売上高が減少しているにもかかわらず、粗利率が改善する事象があるかどうかをきちんと確かめておきます。逆に3月から6月は粗利率が年間平均と比較して悪化しています。この場合には2月や11月とは別に夏に向けて値引きを多目にかけていっているなどの戦略が背景にある可能性があります。

また、特筆すべきは12月の粗利率27.2%です。年間平均と比較して2.2%粗利率がよいというのは、通常ではなかなか考えにくいものです。今までで説明したような事象も考えられますが、場合によっては不正経理のケースも考えられます。架空売上の計上、在庫の水増し計上、等々の可能性がありますので十分に注意してください。

架空売上の計上を見破るのはなかなか難しいものですが、まず棚卸をきちんと実施することによって、実際には出荷していないにもかかわらず、売上計上しているものを把握できます。また、期末近くに売上を水増し計上した場合には、本書でもすでにとりあげた売掛金の回転期間が大幅に増加するはずです。また、棚卸資産の水増し計上があった場合にも同様に棚卸資産の回転期間が大幅に長くなります。この点でも貸借対照表をきちんとチェックすることによって、損益計算書の不備を発見することが可能になります。こんなところでも、バランスシートアプローチの大切さがお分かりになっていただけると思います。

▶予算実績分析

また、一般的な内部管理資料としては予算実績の差異分析があります。これは、決算書のチェックをするには、あまり適しているとはいえません。なぜなら、これまで紹介してきた対前年同期比較分析などは、前期の数値が妥当であ

ることを前提にしているからです。このことから考えると，予算実績分析を決算書チェックのツールとして使用するためには，予算自体が妥当な数値であることが前提となります。かなり強力な管理・企画部門を擁している会社でない限り，精度の高い予算を策定することはできません。そのため，努力目標的な指標になりがちな予算との差異をいくら分析したとしても実績額が妥当であるという確証がとれるというわけではないです。

ただし，あくまでも決算書のチェックという観点からあまり有用でないといっているだけの話であって，経営管理の観点からは適時に経営実績を把握し，これと予算との比較分析をしたうえで，適切な対策を打っていくという姿勢が非常に重要であることはいうまでもありません。また，余談ですが，管理部門が強すぎる会社というのは，絶対によくありません。管理部門はあくまでもサポート部隊でありますから，直接部門の人員を影から支えるセクションです。しかし，彼らが暴走しそうな時には体を張ってでも暴走を止めなければなりません。

☑ 上記の分析結果は一般常識からかけ離れていないか？
Check!

さて，先にも少し述べましたが，このような分析結果というのはあくまでもシンプルです。ご自分がチェックしなければならない会社の業種，業態等々によってその分析結果というものは様々です。そして，本書ではまず，対前年同期比較分析や月次推移の分析を自分の頭で仮説を立てたうえで，関係各位へのヒアリングを実施し，そのすりあわせをしてみるというアプローチをとってきました。

最後に重要なのが，これらの分析の結果が一般常識と合致していることを確かめることです。

それでは，具体的に考えてみましょう。まずは，ビールメーカーの例で考えてみます。ビールは一般的にいっても夏が売上の最盛期になることは疑いようがないと思います。しかし，先にも説明しましたとおり，月別売上高を比較し

た場合に最高売上の月と最低売上の月が倍近く異なるという点については，一般的にも疑問が残ります。これについては，たとえば銘柄別の月別売上高のチェックですとか，過去数年間の月別売上高データを参照するなどして，本当に最高売上月と最低売上月が倍近く異なることが，問題ないんだよね，と納得するまで調査をすることが大切です。もし，調査の結果，納得のいく結果がでないような場合には，決算書に誤りがある可能性が非常に高くなります。この場合には，間違いのありそうな場所に当たりをつけつつ，詳細な調査が必要になってきます。

　ここで，間違いのありそうな場所に当たりをつける，その方法について説明しておきましょう。当たりをつける，という作業は基本的には熟練を要する作業です。しかし，経験があまりない状態でも，少し頭を使うことによって当たりをつけることは可能です。よくどこに間違いがあるか分からず，伝票を片っ端からひっくり返して作業をされる方がいらっしゃいますが，はっきりいって自己満足の域を出ることは決してありません。頭を使って作業をすることにより，少しずつ「当たり」の精度も高くなっていくはずです。それでは，具体的にいってみましょう。この設例で問題となっているのは，月別の売上高です。

　最高の売上月と最低の売上月の売上高が倍近くも異なっています。これが正しいものかどうかを，たとえば銘柄別の月別売上高のチェックですとか，過去数年間の月別売上高データを参照するなどして，確認することが重要です，と述べてきました。そして，この結果，たとえば過去数年間の月別売上高をチェックした結果，設例の7月8月のように売上高が100,000を超えているような月は今までありませんでした。そこで，8月9月の売上高に当たりをつけてみることにしましょう。続いて上でも説明したように，製品種類別の月別売上高を8月9月に当たりをつけたうえでチェックしてみましょう。その結果，8月9月は新発売の新銘柄が3種類，記録的な売上を計上していることが分かりました。その結果，従来，月別の最高売上高と最低売上高が倍近く異なっている，ということはなかったのですが，当期新製品が爆発的に売れたことで，このような現象が起きていることが分かりました。ここまで調査結果が分かれ

ば，設例の東京本社の売上高は大きく誤っていない，ということができるでしょう。

さて，それではもうひとつ，先にも説明しましたが，パソコンメーカーの場合で考えてみます。

7月発売の新製品が大ヒットした結果，8月9月の売上が大幅に増加している会社を想定します。大手のパソコンメーカーでは一般的に3ヶ月に1度，年4回新製品を投入しています。だとすると，この会社の売上高のように8月9月だけ突出している推移はおかしいのではないか，という当たりをつけることができます。まず，はじめにこの会社も大手のパソコンメーカーと同様に年に4回新モデルを発売しているかどうかを確かめる必要があります。仮に年4回新モデルを投入しているとすると，7月の他，10月，1月，4月にも売上の波があって当然ですよね。特に10月は新モデルを投入したにもかかわらず，売上が前月割れしています。一般的に考えても，さすがにこれは少し変だといわざるをえませんね。そこで，ここに当たりをつけて調査してみることにします。続いて10月の製品種類別の売上明細を見てみると，新製品の売上高がほとんどありません。これについてヒアリングしたところ，実は新製品に重大な欠陥があり，かなりの返品を受けることになったことが判明したとします。

このような事象があれば，10月に新モデルを投入したにもかかわらず，売上が前月割れになっていることも一般常識として理解できます。また，パソコンのように広く一般大衆が相手のビジネスの場合，新製品に重大な欠陥があった場合には一般のニュースでも広く報道されているはずです。

こういったことを常日頃から注意しておくと，いざ決算書のチェックをしようとした時に意外と役に立つものです。こういったことが，本書でいっている「一般常識」の意味，ということになります。

☑ 押し込み販売の事実はないか？
Check!

　さて，ここまでで分析を中心とした売上高，売上原価，売上総利益のチェック手法を説明してきました。ここで，あともう1つ，押し込み販売がないことを確かめておきましょう。まず，押し込み販売とは何でしょうか？　押し込み販売とは，期末に売上高を多く見せるために，無理やり子会社や下請会社などに売上をしてしまうやり方をいいます。また，本書では実際には販売（出荷）していないが，帳簿上，売上を計上してしまうようなやり方も（一般に未出荷売上といいます）も押し込み販売の一種として考えることにします。

　このように，原則として押し込み販売によって計上された売上は，当該会計期間の売上ではありません。押し込み販売による売上高は実態のない売上高であるがゆえに，押し込み販売による売上高が計上されていると，決算書が経済実態を表さなくなってしまいます。また，押し込み販売によって決算書なんていつだって，自分の思うとおりになるんだ，と経営者が思い込むことも大きな問題です。決算書には常に経済実態を反映させ，経営者は会社の経済実態を常に正確に把握し，必要な施策をとっていくのが仕事なわけです。このことから，経営者自らが押し込み販売を奨励し，経済実態を反映させないような決算書を作るということは経営者の仕事を放棄することと同義だと私は考えています。

　それでは，押し込み販売について順番に説明していきましょう。
　一般に決算日前には，予算達成などの観点から多額の売上が計上されます。しかし，月次売上高の推移などをチェックしてあまりにも期末月（あるいは期末日付近）の売上高が多額にのぼる場合には，押し込み販売を疑ったほうがよいでしょう。売上を多く見せたいというのは，非公開・公開会社にかかわらず，どうしても拭い去ることのできない欲求ですので，やはり十分な注意が必要であるといえます。

　上でも述べましたとおり，押し込み販売は実態のない売上高であるため，子会社など関連会社や下請会社など立場の弱い会社へ立てるのが通常です。もし

くは，架空の口座を作って架空の会社に売上をつけてしまう，という方法も考えられます。逆に考えれば，このような相手先に対する売上高を中心に実際の売上計上があったのかどうかをきちんとチェックする必要があります。この場合，社内で偽造可能という点で自社で作成することのできる，納品書や見積書をいくらチェックしてもまったく意味はなく，得意先でしか作成できない契約書，注文書，受領書などをチェックする必要があります。これらの資料をチェックしても疑義が残る際には，直接得意先に問い合わせをしてみるやり方も考えられます。この際には，自社で粉飾のおそれがあるなどとは当然に説明するまでもなく，念のための確認ということで注文書や受領書控えなどを送ってもらうように依頼しましょう。いうまでもないことですが，粉飾決算のおそれがある会社との取引を好む会社などありませんので，得意先への問い合わせは特に注意して行いましょう。

続いて，実際には販売（出荷）していないが，帳簿上，売上を計上してしまうようなやり方も（一般に未出荷売上といいます）について説明します。実は未出荷売上というのは，実務的には結構ありうる話になります。たとえば工場倉庫にある在庫をある会社が買ったとしましょう。この購入会社は自社に倉庫を持っていないため，しばらくは販売した会社の倉庫で預かっておいてほしい，というやり方が実務的にはよくあることです。見た目では自社の在庫なのか，未出荷売上の結果としての預かり在庫なのかの見極めができません。そこで，このような場合には期末において得意先から預け書を発行してもらう，もしくは自社から預かり書を発行して先方に内容の確認を求めるなどの措置をとっておく必要があります。

以上，簡単に押し込み販売の有無のチェック方法について述べてきましたが，あなたが社内の人間であった場合，はじめから押し込み販売の事実を知っているかもしれません。たしかに，対銀行，対債権者，対取引先，対投資家……，あらゆる利害関係者に対して売上を多く見せたいという欲求があるのは分かります。しかし，押し込み販売をいつまでも続けることはできません。今年明る

みに出なくとも，おそらく1年もしないうちに明るみに出てしまうでしょう。粉飾決算にできることは延命措置に過ぎません。それよりも粉飾決算が明るみに出た際に失う信用のほうがはるかに大きいと思いますので，是非ともあなたが防波堤になってほしいと思います。

☑ 粗利管理，特に逆ザヤ物件の管理は適切か？

　売上，売上原価，売上総利益の最後に，通常の管理業務についてふれておきたいと思います。粗利管理のうち，逆ザヤ物件についてです。逆ザヤ物件とは，粗利段階で赤字販売の物件のことをいいます。

　たとえば，売上高100，売上原価120，粗利△20，というような場合のことをいいます。基本的にこのような赤字販売をすることはないはずです。しかし，政策的にどうしても赤字販売をしなければならない場合，または赤字販売までは至らなくとも，低粗利で販売せざるをえないケースというのはありうると思います。粗利段階で赤字となると，販管費を加味すると大幅な赤字になってしまうことが予想されます。したがって，常に逆ザヤ物件，もしくは低粗利物件についてはウォッチしておく必要があります。具体的には，赤字物件ならびに粗利××％未満の案件（パーセンテージは各社において設定）については，必ず社長決裁とするなどの措置を講じて，きっちりとした管理をする必要があります。

第3章 損益計算書

3 販売費及び一般管理費

> **Check Point!**
> ●勘定明細の計算チェックをする！
> ●勘定明細と総勘定元帳の金額の一致を確かめる！
> ●分析を実施する！
> ●1人当たりの人件費を算定してみる！
> ●可能なものについてはオーバーオールテストを実施する！
> ●勘定明細の「その他」に注意！

【設 例】
　下記の損益計算書をもとに，販管費及び一般管理費をチェックしてみましょう。

【販売費及び一般管理費】

給　与　手　当	150,000
役　員　報　酬	15,000
法　定　福　利　費	18,000
旅　費　交　通　費	22,000
減　価　償　却　費	70,000
貸倒引当金繰入額	7,000
賞与引当金繰入額	5,000
支払ロイヤリティー	100,000
退　職　給　付　費　用	5,000
そ　の　他	8,000
	400,000

☑ **勘定明細の計算チェックをする！**

☑ **勘定明細と総勘定元帳の金額の一致を確かめる！**

　まずは計算チェックから始めましょう。貸借対照表であろうが，損益計算書であろうが，忘れずにきちんとやりましょう。これも繰り返しになってしまいますが，勘定明細と総勘定元帳との一致を確かめることを忘れずに。

☑ **分析を実施する！**

> ● 対前年同期分析，月次推移分析，予算実績分析を中心とした分析結果は合理的か？

　売上，売上原価，売上総利益の項でも説明しましたが，損益計算書項目は基本的に分析を中心としてチェックをすることが，短期間でかつ有益な決算書のチェックの実行につながります。

　これにしたがって，販売費及び一般管理費（以下，「販管費」といいます）をチェックしていきましょう。なお，販管費は一般的にＳＧＡ（「Selling, general and administrative expenses」の略）といわれますので，覚えておくと便利だと思います。

　それではまず，対前年同期比較分析からいきましょう。例によって具体的な数値を使って説明してみます。

第3章 損益計算書

【販売費及び一般管理費明細】

	当期	前期
給　与　手　当	150,000	144,000
役　員　報　酬	15,000	13,000
法　定　福　利　費	18,000	12,480
旅　費　交　通　費	22,000	20,000
減　価　償　却　費	70,000	73,000
貸倒引当金繰入額	7,000	6,500
賞与引当金繰入額	5,000	4,000
支払ロイヤリティー	100,000	97,000
退　職　給　付　費　用	5,000	4,000
そ　の　他	8,000	6,020
	400,000	380,000

　売上，売上原価，売上総利益の項でも説明しましたとおり，損益計算書のチェックは分析中心になりますが，本書ではあくまでも考え方のサンプルを提示することしかできません。しかし，現実の決算書をチェックする場合には，多種多様な業種の，多種多様な勘定科目，金額のチェックをしなければなりません。これに対応するためには，トレーニングしかありませんが，本書を読み進めていく過程が少しでもこのようなトレーニングになるようにするため，自分だったらこうやって分析するのにな，などと考えながら読み進めていただければと思います。

　それでは，前年度の数値を正しいものと仮定したうえで，対前年比較をしていきましょう。なお，人件費，減価償却費，支払ロイヤリティー，その他については後で説明しますので，それ以外の項目から説明していきます。まず，旅費交通費からです。

　旅費交通費は20,000から22,000と10％増加しています。売上高が約3％の増

加ですから，ちょっと増えすぎかもしれません。また，販売費及び一般管理費の合計額が400,000ですから，販売費及び一般管理費に対する旅費交通費の割合が5.5%となっています。一概にはいえませんが，高い比率であるといえるでしょう。このような数値から，旅費交通費の比率が高く，金額自体も大きいということができます。それでは，原因を考えてみましょう。旅費交通費の金額自体が大きいことから，まず，事業所もしくは得意先等が地方もしくは海外にあり，頻繁に出張せざるをえないのではないか，ということが考えられるでしょう。また，売上高に対する伸びは大きい点に関しては次のような原因が考えられます。たとえば海外進出を本格化させようという動きがあった結果，海外出張を含めた海外営業が増加し，旅費交通費が増加することが考えられます。その一方で，海外に対する営業の成果はやっと出始めたところであり，営業量（イコール営業量の増加にともなう旅費交通費の増加量）に応じた売上高の増加が目に見えるところまでは至っていないのではないか，などです。

　このような想定をした後で，実際，担当部門長へのヒアリングをするなり，月次決算報告を見直すなりして，ウラをとればOKです。ウラを取れない場合は誤計上等の可能性があります。詳細の調査が必要となってきます。

　具体的には，どのような方法で調査すればよいのでしょうか。まず，部門別損益計算書などを作成している場合には，旅費交通費の発生が非常に多い，もしくは非常に増加している部門を特定し，その後特定の担当者，特定の出張先もしくは特定の期間に旅費交通費が集中していないかどうかをチェックします。

　この過程で発生が集中している部門等を徹底的に調査します。まずは伝票をめくっていってもよいでしょう。あまりに多額の伝票が切られていた場合，1ケタ間違えるなどの入力間違いはないでしょうか？入力間違いはないとして，国内出張で数十万円単位の精算がされていたりしませんか？これも当たりをつける，一例です。ここで，当たりのつけ方について簡単にふれておきましょう。

第3章 損益計算書

【補足】 決算書チェックにおける「当たり」のつけ方

　決算書をチェックしていた,「何か変だな」と思った後には,実態を調査すべく詳細な調査が必要になります。この際,やみくもに伝票をひっくり返しているだけでは時間ばかりかかってしまっていつまでたっても決算が締まりません。そこで「当たり」をつけることが非常に重要になってくるわけですが,これは経験によって培われる要素が非常に大きいというのが現実です。

　しかし,それでも意識の持ち方によっては多少なりとも,「当たり」をつけることはできますし,常に意識しながら決算書チェックをしていくことにより,徐々に勘所が身についてくると思います。

　まず,これまで説明してきましたように,対前年同期比較分析,月次推移分析などを行っていく過程で気になる点が出てきたとします。ここから原因を追及していく必要があるわけです。販管費では,部門別などにブレークダウンしていく手法をとりました。これが重要です。出来上がった決算書からチェックをスタートする場合には,完成形から積上げの仕訳の誤り等をチェックしていかなければなりません。そのため,徐々にブレークダウンしていくことが作業の効率化につながるというわけです。

　イメージ的にいうと,下記の図のようになります。あまりゴチャゴチャいっても身になりませんから,一言でいってしまうと「常に上（完成した決算書）から全体を見下ろす」という姿勢で決算書チェックにあたるようにしてください。この意識を常にもっていれば,「当たり」のつけ方も徐々に身についてくるはずです。

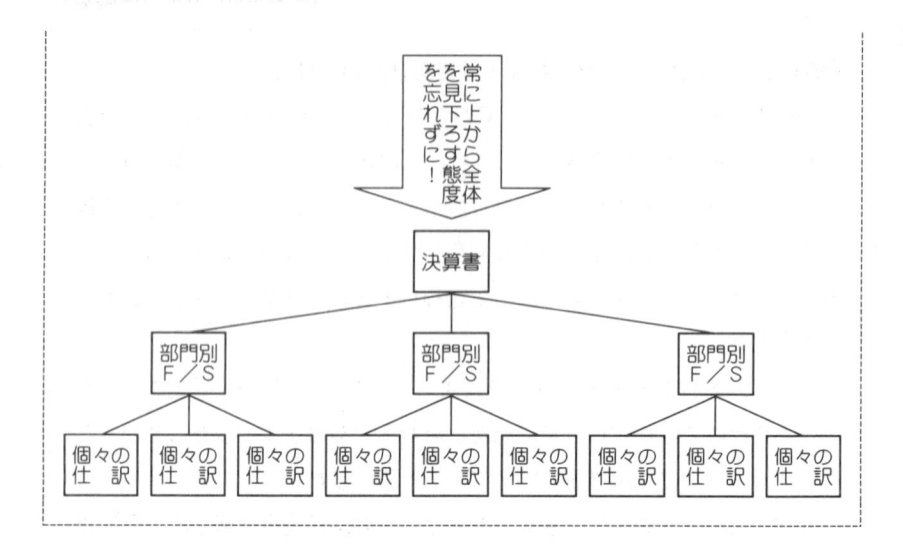

```
       常に全体を見下ろす態度を忘れずに！
              ↓
           ┌─────┐
           │決算書│
           └──┬──┘
      ┌───────┼───────┐
   ┌──┴──┐ ┌──┴──┐ ┌──┴──┐
   │部門別│ │部門別│ │部門別│
   │ F／S │ │ F／S │ │ F／S │
   └─┬─┬─┘ └─┬─┬─┘ └─┬─┬─┘
  個々 個々 個々 個々 個々 個々 個々 個々 個々
  の   の   の   の   の   の   の   の   の
  仕訳 仕訳 仕訳 仕訳 仕訳 仕訳 仕訳 仕訳 仕訳
```

【補足】 損益計算書のチェックは会社担当者にとっては楽勝？

　これまで見てきたように，月次決算をきちんと行っていて，かつ，分析を毎月きちんと行っていれば，年度の損益計算書のチェックは楽勝のはずです。たしかに年度決算は月次決算と異なり，決算整理仕訳が起票されます。たとえば，引当金とか，未払費用の計上とか，棚卸の結果，現物と帳簿残高と差異があった場合の調整仕訳ですとか，例を挙げるとキリがないので，この辺にしておきますが，このような決算整理仕訳は貸借対照表をきちんとチェックしておくことによってかなりの部分をカバーできるはずです。引当金の繰入額については，引当金残高を，棚卸差異については，棚卸資産残高を固めておけば，基本的には損益計算書項目についてのチェックもほぼ同時に終わるはずです。

　とはいっても，いざ，年度決算となるとこのような説明が流暢にできる管理部門担当者はそれほど多くありません。そこで，逆に年度決算の損益計算書が楽に説明できるようなレベルの月次決算を目標にしてはいかがでしょうか。

続いて，貸倒引当金繰入額，賞与引当金繰入額，退職給付費用にいきましょう。これらはすべて引当金の相手勘定です。すなわち，引当金計上時に次のような仕訳が起票されます。

（借）貸倒引当金繰入額　　××　　（貸）貸 倒 引 当 金　　××
（借）賞与引当金繰入額　　××　　（貸）賞 与 引 当 金　　××
（借）退 職 給 付 費 用　　××　　（貸）退職給付引当金　　××

これから見ても明らかなように，貸借対照表をチェックする際に残高をきちんと固めておきさえすれば，基本的にその相手勘定である費用項目も間違っているはずがないのです。そのため，引当金繰入額等については重要な増減項目等についてのみ，その増減理由等をきちんとチェックしておけばよいでしょう。この設例でいうと，それほど重要な増減がないため，貸借対照表を固めておけば特段の問題はない，といえるでしょう。

☑ 1人当たりの人件費を算定してみる！

続いて人件費にいきましょう。まず，給与手当からです。一番簡単なやり方は，1人当たりの給与手当を算定してみることです。具体的に算定してみましょう。従業員数を当期50名，前期48名だとしましょう。これを前提にそれぞれの1人当たりの給与手当を算定すると，両者とも3,000となります。これに法定福利費を加えて，1人当たりの人件費を算定してみましょう。結果は当期3,360，前期3,260となります。この結果から，1人当たりの人件費に大きな増減はないといえます。それでは，絶対額はどうでしょうか。当期の1人当たりの平均人件費3,360が，この会社の実態を表しているものでしょうか。これは給与台帳をざっとチェックすれば分かるはずです。単純平均ですので，もちろん3,360より多い人もいれば，少ない人もいるはずです。しかし，おおむね平均値が3,360付近にあると判断されればOKです。

また，同業他社等と比較して平均給与が大幅に多いとか少ないということが

ないかもチェックする必要があります。なお，公開会社については有価証券報告書等に1人当たりの人件費を開示しており，現在はウェブ上で簡単に調べることができますので試してみて下さい。これが，売上高，売上原価，売上総利益の項で説明した「一般常識とかけ離れていないかをチェックする！」の販売費及び一般管理費における適用例です。

特に損益計算書の分析を行うに当たっては，このように一般常識とかけ離れていないかどうかを常に意識して分析を進めることを忘れないことが重要です。その一方で常にアンテナをはって，自分の一般常識をブラッシュアップしておくことが必要になります。

続いて，人件費のうち役員報酬ですが，従業員と比較して役員の数は相当少ないですから，各人別の役員報酬明細をチェックして重要な増減がないことを確かめればすむと思います。

☑ 可能なものについてはオーバーオールテストを実施する！

設例の販管費明細の中で，減価償却費と支払ロイヤリティーについてはオーバーオールテストの実施が可能です。減価償却費のオーバーオールテストについては，固定資産の項で説明しました。

この設例であえて支払ロイヤリティーなどというマニアックなものを入れたのは，ロイヤリティーに限らず販管費の中にオーバーオールテストが可能なものがあれば，是非実施していただきたいということを確認しておきたかったからです。たとえば，設例の支払ロイヤリティーが売上高の5％を支払う，というような条件であれば，次のようにテストができます。すなわち，支払ロイヤリティー100,000÷売上高2,000,000＝オーバーオールレート5％と算定されます。これに対して実際のレートも5％ですから，これで支払ロイヤリティー100,000のチェックは簡単に終わってしまいます。

第3章　損益計算書

　これほど単純なケースはあまりありませんが，減価償却費やロイヤリティーなど，基本となる数値に一定比率を乗じて算定される勘定科目についてはオーバーオールテストを実施することにより，より一層，効率的な決算書のチェックができますので，是非，実施してみてください。実際の計算方法については，ここで説明した支払ロイヤリティーの方法などを参考にしてみてください。

☑ 勘定明細の「その他」に注意！

　最後に「その他」です。本書でも何回か勘定明細の「その他」には注意することを説明してきました。販管費もまったく同様です。マイナス残高は含まれていないか，摘要欄や支払先に内容不明なものはないか，などのチェックは最低限，必要になってくるでしょう。

4 営業外損益及び特別損益

Check Point!
- 勘定明細の計算チェックをする！
- 勘定明細と総勘定元帳の金額の一致を確かめる！
- 基本的に証憑突合！
- 可能なものについてはオーバーオールテストを実施する！
- 勘定明細の「その他」に注意！

【設 例】
　下記の損益計算書をもとに，営業外損益及び特別損益をチェックしてみましょう。

　　　　　【営業外費用明細】
　　　　　　受 取 利 息　　　　　　3,600
　　　　　　そ　の　他　　　　　　　 400
　　　　　　　　　　　　　　　　　 4,000
　　　　　【営業外利益明細】
　　　　　　支 払 利 息　　　　　　1,600
　　　　　　そ　の　他　　　　　　　 400
　　　　　　　　　　　　　　　　　 2,000
　　　　　【特別利益明細】
　　　　　　有価証券売却益　　　　14,070
　　　　　　　　　　　　　　　　 14,070
　　　　　【特別損失明細】
　　　　　　固定資産除却損　　　　 1,000
　　　　　　　　　　　　　　　　　 1,000

☑ 勘定明細の計算チェックをする！

☑ 勘定明細と総勘定元帳の金額の一致を確かめる！

　いよいよ損益計算書のチェックも最後となりました。しかし，はじめにすることは同じです。まずは，計算チェック，そして，勘定明細と総勘定元帳の一致を確かめましょう。

☑ 基本的に証憑突合！

　営業外損益及び特別損益項目は利息等を除き，金額が僅少もしくは臨時・巨額の項目がメインになりますので，基本的に証憑突合をすることで比較的簡単にチェックすることができます。それでは，設例にしたがって説明してみましょう。なお，証憑突合とは決算書に記載されている項目を裏付資料とぶつける作業をいいます。

　設例では，営業外損益は利息とその他しかありませんので，特別損益を見ていくことにしましょう。なお，営業外損益の場合も特別損益とチェックの方法は一緒です。

　まず，特別利益に有価証券売却益が14,070，特別損益に固定資産除却損が1,000計上されています。これらを各々の証拠書類とぶつけてしまえば，チェック終了です。具体的には，有価証券売却益（売却損の場合も同じ）の場合は，証券会社の取引報告書等と決算書計上数値が一致していればよいでしょう。

　また，固定資産除却損の場合には，除却された固定資産の帳簿価額を固定資産台帳で確認します。そのうえで当該固定資産が除却されていることを，廃棄業者発行の除却証明等で確認すればOKです。

【補足】 外部証憑の重要性について

　証憑突合で大切なことは証拠書類を会社外部が作成したものを確認することです。このように会社外部が作成する証拠書類を外部証憑といいます。たとえば，売上高に関する資料といえば，売上伝票ですとか出荷伝票がありますが，これは社内で作成できるため，理論的にはいくらでも偽造可能なのです。しかし，運送会社の請書とか，得意先の検収書もしくは受領書など会社外部作成のものは偽造が困難です。このため，証憑突合で決算書チェックをする際には必ず会社外部作成の資料を使用するようにしてください。たとえば，決算書をチェックするのに伝票をいくらチェックしても意味がないのです。お分かりでしょうか？本書も終わりに近づいてきましたので，非常に基本的ではありますが，帳簿体系について説明しておきましょう。「そんなもん，とっくに分かってるよ！」という方はもちろん読み飛ばしてください。まずは，下の図をご覧ください。

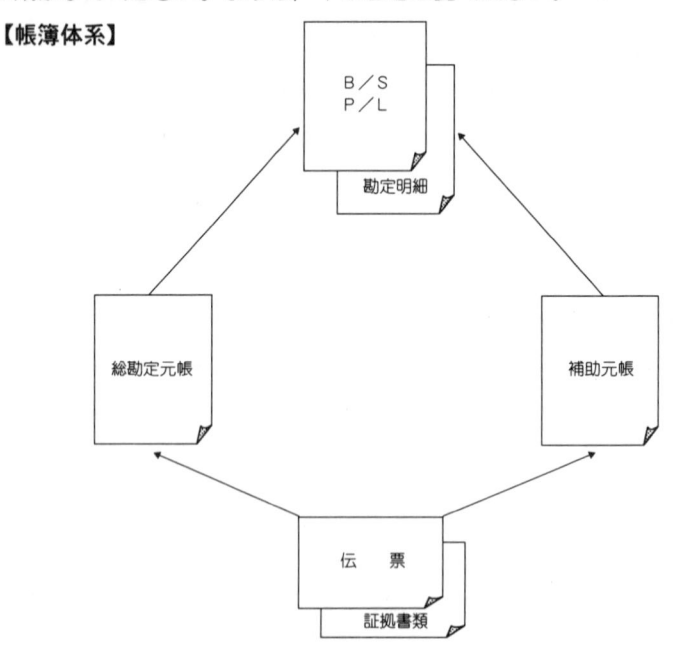

【帳簿体系】

```
            ┌─────────┐
            │  B/S    │
            │  P/L    │
            │         │
            │ 勘定明細│
            └─────────┘
           ↗           ↖
   ┌─────────┐       ┌─────────┐
   │         │       │         │
   │総勘定元帳│       │ 補助元帳│
   │         │       │         │
   └─────────┘       └─────────┘
           ↖           ↗
            ┌─────────┐
            │  伝 票  │
            │         │
            │ 証拠書類│
            └─────────┘
```

下から説明しますと，伝票に証拠書類が添付されている状態を表しています。たとえば，接待で飲食代金10,000を使ったとしましょう。細かいことを抜きにすれば，伝票には，

（借）交　際　費　　10,000　　（貸）現　金　預　金　　10,000

という仕訳が記入されます。そしてその伝票には，飲食代金の領収書と接待目的,参加者等を明記したメモが添付され,必要に応じて稟議書のコピーなど社内の承認資料もあわせて添付されます。

次にこの伝票から，会計システム入力担当者が入力を行います。手作業で行う場合には総勘定元帳へ転記します。会計システムへの入力は総勘定元帳への転記を，コンピュータを使ってやっているわけです。ですから，上の表の総勘定元帳をあなたの会社で使っている会計ソフトであると考えていただいて結構です。

総勘定元帳への入力の一方，必要に応じて伝票等から補助元帳を作成します。相手先別の消し込みが必要な売上債権，仕入債務等は補助元帳の作成は必須です。固定資産台帳も補助元帳の一種です。このように相手先別の管理が必要な科目については補助元帳が作成されます。

そして，基本的には補助元帳をもとに勘定明細が，総勘定元帳をもとに貸借対照表，損益計算書等の決算書が作成されます。このように勘定明細と決算書は作成データが必ずしも一致していません。また，原則として伝票データは総勘定元帳へ，そして最後には決算書へ反映されているはずですが，転記ミスということもありえます。そこで，本書ではこういったことが絶対にないように，決算書のチェックに当たってはまず，勘定明細と総勘定元帳が合致していることを確かめるようにしているのです。

☑ Check! 可能なものについてはオーバーオールテストを実施する！

　それでは，利息に関してオーバーオールテストを実施してみましょう。オーバーオールテストについては，これまでに何回か説明をしてきましたので，ここでは，いきなり具体的な計算過程に入っていきます。

　まずは支払利息からいきましょう。支払利息の金額は1,600で借入金残高は期首・期末とも100,000だったとします。これでオーバーオールレートを算定すると支払利息1,600÷((期首借入金残高100,000＋期末借入金残高100,000)÷2)＝1.6％と算定することができます。このオーバーオールレートと実際の利率を比較して，その結果が合理的な範囲であれば，支払利息計上額はOKということになります。具体的にいうと，たとえば支払利息の利率が1％～2％程度であればおおむねOKでしょう。なぜなら，借入残高及び利率がバラバラの場合にはある程度のブレがあるのが当然だからです。

　続いて受取利息について算定してみましょう。受取利息の金額は設例のとおり3,600で，預金残高が期首3,000,000，期末3,600,000だとしましょう。これを前提にすると，オーバーオールレートは，受取利息3,600÷((預金期首残高3,000,000＋3,600,000)÷2)＝0.11％と算定できます。その後の作業は支払利息と同様です。

　もし，オーバーオールレートと実際の利率とがブレてしまっている場合ですが，借入金の項で説明してありますので，必要に応じてご参照ください。

☑ Check! 勘定明細の「その他」に注意！

　営業外損益及び特別損益についても「その他」は要注意です。マイナス残高は含まれていないか，摘要欄や支払先に内容不明なものはないか，などのチェックは最低限，必要です。

　ここで1つ注意事項があります。商法計算書類上，営業外損益や特別損益に

ついて，別掲しなければならない基準がありません。したがって，開示したくないものがあれば，すべて「その他」に含めてしまうことが可能です（さすがに「その他」だけというのは認められないと思いますが）。

　しかし，株式公開を目指すことになり，財務諸表等規則にしたがった決算書を作成することが必要になりますと，一転，総額の10%を超えるものは原則として別掲しなくてはならなくなります。非公開会社の場合，営業外損益の「その他」にいろいろなものを突っ込んでいるケースがありますが，公開審査に当たっては財務諸表等規則にしたがっているかどうかは，厳しくチェックを受けますので，注意しておいてください。

第4章

キャッシュ・フロー計算書

第3章までに，バランスシートアプローチによって貸借対照表及び損益計算書のチェックポイントについて説明をしてきました。最後にキャッシュ・フロー計算書のチェックポイントについて概略を説明することにします。なお，日本においては公開企業でも100％近くの会社が間接法を採用していることから，本書でも間接法を前提として説明します。

> **Check Point!**
> ❀計算チェックをする！
> ❀貸借対照表と損益計算書との整合性を確かめる！

【設 例】

下記のキャッシュ・フロー計算書をチェックしてみましょう。

キャッシュ・フロー計算書	
I　営業活動によるキャッシュ・フロー	
税金等調整前当期利益	115,670
減価償却費	70,000
賞与引当金の増減	1,000
退職給付引当金の増減	3,000
受取利息及び受取配当金	(3,600)
支払利息	1,600
固定資産除却損	1,000
売上債権の増減額	(120,000)
たな卸資産の増減額	(30,000)
その他の資産の増減額	3,940
仕入債務の増減額	70,000
未払金の増減額	100,000
その他の負債の増減額	300
小　　　計	212,910
利息及び配当金の受取額	3,600
利息の支払額	(1,600)
法人税等の支払額	(14,850)
営業活動によるキャッシュ・フロー	200,060
II　投資活動によるキャッシュ・フロー	
有価証券の取得による支出	85,150
有形固定資産の取得による支出	(1,000)
そ　の　他	0
投資活動によるキャッシュ・フロー	(84,150)
III　財務活動によるキャッシュ・フロー	
借入による収入	20,000
株式の発行による収入	300,000
配当金の支払額	(4,210)
そ　の　他	0
財務活動によるキャッシュ・フロー	315,790
IV　現金及び現金等価物の増加額	600,000
V　現金及び現金等価物の期首残高	3,015,000
VI　現金及び現金等価物の期末残高	3,615,000

☑ 計算チェックをする！

計算チェックは，キャッシュ・フロー計算書でも貸借対照表，損益計算書と同様に重要です。しっかりとチェックしましょう。

☑ 貸借対照表と損益計算書との整合性を確かめる！

キャッシュ・フロー計算書は貸借対照表の期首と期末の差額から作成します。そのため，基本的に貸借対照表との整合性が重要となります。それでは，上から順番にいきましょう。比較的単純なチェックが多いので，ここでは表にしてまとめてみます。

項目	チェックポイント	備考
営業活動によるキャッシュ・フロー		
税金等調整前当期利益	損益計算書との一致を確認	
減価償却費	損益計算書との一致を確認	製造業の場合，製造原価に減価償却費が含まれるため，これを考慮する必要あり。
賞与引当金の増減	貸借対照表の増減額との一致を確認	在外子会社がある場合には，為替の影響分だけ一致しない。ただし，よほどの為替変動がない限り，おおむね近似値になるはず。
退職給付引当金の増減		
受取利息及び受取配当金	損益計算書との一致を確認	損益計算書計上金額をここで控除し，実際の現金流入・流出額を小計欄に記載する。
支払利息		
固定資産除却損	損益計算書との一致を確認	損益計算書計上金額をここで控除し，実際の現金流入・流出額を投資活動によるキャッシュ・フローに記載する。
売上債権の増減額	貸借対照表の増減額との一致を確認	在外子会社がある場合には，為替の影響分だけ一致しない。ただし，
たな卸資産の増減額		

その他の資産の増減額		よほどの為替変動がない限り、おおむね近似値になるはず。
仕入債務の増減額		
未払金の増減額		
その他の負債の増減額		
これより下、キャッシュ・フロー計算書の小計欄以下		
利息及び配当金の受取額	実際の受取額	未収、未払を考慮した実際のキャッシュ増減額が記載される。未収、未払がなければP／Lと同じ数値が記載される。
利息の支払額	実際の支払額	
法人税等の支払額	実際の支払額	
投資活動によるキャッシュ・フロー		
有価証券の売却によるキャッシュ・フロー	有価証券台帳の減少額に未収入金を考慮	未収を考慮した実際の取得増減額が記載される。
有形固定資産の取得によるキャッシュ・フロー	固定資産台帳の増加額に未払金を考慮	未払を考慮した実際の取得額が記載される。
その他		内容に注意！
財務活動によるキャッシュ・フロー		
借入による収入	貸借対照表の増減額との一致を確認	借入・返済は基本的にグロスアップする。
株式の発行による収入	貸借対照表の増減額との一致を確認	
配当金の支払額	前期の利益処分計算書との一致を確認	
その他		内容に注意！

　ほとんどはチェックリストをご覧いただければお分かりになると思いますが、投資活動及び財務活動については一部分かりづらい点もあるため、追加説明をします。
　有価証券売却（取得の場合も考え方は同じ）の場合、有価証券台帳などに記載されている当期の有価証券勘定の増加額に未収入金を考慮する必要があります。本書の設例では有価証券の取得にかかる未収入金がないものとしてキャッ

シュ・フロー表を作成していますが，簡単に有価証券取得にかかる未収入金がある場合の説明をしてみましょう。

　設例では有価証券の売却にかかる収入85,150となっています。これにかかる未収入金が期首に500，期末に700あったとします。当期において期首の500をキャッシュで受取り，期末に有価証券売却代金のうち700が未収ですから，85,150＋未収金の増加額△200（＝500－700）＝84,950と計算することができるわけです。特に期首の未収入金（取得の場合は未払金）をうっかり忘れてしまうケースが多いので，十分に注意してください。

　なお，有形固定資産の場合もまったく考え方は同様です。

　最後にキャッシュ・フロー表の表示について一言加えておきます。日本のキャッシュ・フロー表は開示項目が多すぎます。「営業活動によるキャッシュ・フロー」はほとんど貸借対照表の増減を表示するにとどまり，積極的な意味はありません。そのため，できるだけ金額的重要性の低い項目は一括にして，「その他」の項でまとめ，見やすいキャッシュ・フロー表を作るように心がけてください。本書では，説明のために細かい項目をのせていますが，開示上のキャッシュ・フロー表は是非すっきりした形を目指してください。この場合「その他」にいろいろな内容が含まれることになりますが，その場合には「その他」に変なものが紛れ込んでいないかどうかをよくチェックすることをお忘れなく。

チェックポイントリスト

> 以下の項目は要チェック!! □に✓を入れてみましょう。

▶ 現金・預金残高のチェックポイント

- [ ] 勘定明細の計算チェックをする！ ……………………………………9
- [ ] 勘定明細と総勘定元帳の金額の一致を確かめる！ ……………9
- [ ] 期末日に実査（実際に現物を数える）をする！ ………………9
- [ ] 記帳と出納を別の人にやらせる！ ………………………………11
- [ ] 期末日時点の銀行残高証明を入手する！ ………………………12
- [ ] 現物と帳簿が不一致の場合の対応！ ……………………………13

▶ 売上債権残高のチェックポイント

- [ ] 勘定明細の計算チェックをする！ ………………………………18
- [ ] 勘定明細と総勘定元帳の金額の一致を確かめる！ ……………18
- [ ] 受取手形等については期末日に実査（実際に現物を数える）をする！…18
- [ ] 勘定明細の「その他」に注意！ …………………………………20
- [ ] 回転期間分析を実施する！ ………………………………………20
- [ ] 回転期間と実際の回収サイトに大きな差がある場合の対応 ……23
- [ ] 必要に応じて残高確認手続を実施する！ ………………………24
- [ ] 残高確認の結果生じた差異の分析をする！ ……………………26
- [ ] 出荷伝票と請求書の突合せがきちんとされているか確かめる！ ……28
- [ ] 滞留債権管理をきっちりする！ …………………………………29
- [ ] 貸倒引当金をきちんと設定する！ ………………………………30

▶ 棚卸資産残高のチェックポイント

- [ ] 勘定明細の計算チェックをする！ ……………………………………… 33
- [ ] 勘定明細と総勘定元帳の金額の一致を確かめる！ ………………… 33
- [ ] きちんとした棚卸を実施する！ ………………………………………… 33
- [ ] 回転期間分析を実施する！ ……………………………………………… 41
- [ ] 滞留在庫管理をきっちりする！ ………………………………………… 43
- [ ] 棚卸資産の評価をきっちりする！ ……………………………………… 44

▶ 固定資産残高のチェックポイント

- [ ] 勘定明細の計算チェックをする！ ……………………………………… 47
- [ ] 勘定明細と総勘定元帳の金額の一致を確かめる！ ………………… 47
- [ ] 固定資産実査をする！ …………………………………………………… 47
- [ ] 減価償却費のオーバーオールテストを実施する！ ………………… 53
- [ ] 減損会計に備える！ ……………………………………………………… 55

▶ 投資有価証券残高のチェックポイント

- [ ] 勘定明細の計算チェックをする！ ……………………………………… 58
- [ ] 勘定明細と総勘定元帳の金額の一致を確かめる！ ………………… 58
- [ ] 実査が適正に実施されていることを確かめる！ …………………… 58
- [ ] 預け有価証券に関する証券会社の預かり証はあるか？ …………… 59
- [ ] 時価評価は妥当なものか確かめる！ ………………………………… 60
- [ ] 減損はきちんと実施されているか？ ………………………………… 61
- [ ] 償却原価法はきちんと適用されているか？ ………………………… 63

▶ 繰延税金資産残高のチェックポイント

- [ ] 税効果会計とは？ ………………………………………………………… 65
- [ ] 税効果会計のおさらい …………………………………………………… 66

| ☐ 繰延税金資産は将来の利益の先取り？……………………………71
| ☐ 繰延税金資産の回収可能性とは？……………………………………74
| ☐ 勘定明細の計算チェックをする！……………………………………92
| ☐ 勘定明細と総勘定元帳の金額の一致を確かめる！………………92
| ☐ 税務申告書等と数値をチェックする！………………………………92

▶ その他の資産残高のチェックポイント

| ☐ 勘定明細の計算チェックをする！……………………………………95
| ☐ 勘定明細と総勘定元帳の金額の一致を確かめる！………………95
| ☐ 現物もしくは証憑とのチェックを実施する！………………………95
| ☐ 増減分析等を実施する！………………………………………………96
| ☐ 未決済勘定に注意！……………………………………………………96
| ☐ その他の内訳に注意！…………………………………………………97

▶ 仕入債務残高のチェックポイント

| ☐ 勘定明細の計算チェックをする！……………………………………101
| ☐ 勘定明細と総勘定元帳の金額の一致を確かめる！………………101
| ☐ 必要に応じて残高確認手続を実施する！……………………………101
| ☐ 回転期間分析を実施する！……………………………………………106
| ☐ 回転期間と自社の支払サイトとの比較をする！……………………108
| ☐ 未払金のチェックに回転期間は使えない？…………………………110
| ☐ 対前年同期比較と証憑突合が有効！…………………………………110
| ☐ 勘定明細の「その他」に注意！………………………………………113
| ☐ 入荷伝票と請求書の突合せがきちんとされているか確かめる！…114
| ☐ 検収・支払業務のフォローを行う！…………………………………115

▶ 借入金残高のチェックポイント

| ☐ 勘定明細の計算チェックをする！……………………………………117

| ☐ 勘定明細と総勘定元帳の金額の一致を確かめる！ …………117
| ☐ 残高証明を入手する！ …………117
| ☐ 支払利息のオーバーオールテストを実施する！ …………118

▶ 引当金残高のチェックポイント

| ☐ 勘定明細の計算チェックをする！ …………121
| ☐ 勘定明細と総勘定元帳の金額の一致を確かめる！ …………121
| ☐ 見積計上の妥当性をチェックする！ …………121

▶ 未払法人税等残高のチェックポイント

| ☐ 勘定明細の計算チェックをする！ …………125
| ☐ 勘定明細と総勘定元帳の金額の一致を確かめる！ …………125
| ☐ 勘定明細を作成する！ …………125
| ☐ 課税所得の計算過程及び税効果会計のチェックをする！ …………127
| ☐ 税金計算のチェックをする！ …………133
| ☐ 税率差異のチェックをする！ …………136

▶ その他の負債項目残高のチェックポイント

| ☐ 勘定明細の計算チェックをする！ …………143
| ☐ 勘定明細と総勘定元帳の金額の一致を確かめる！ …………143
| ☐ 現物もしくは証憑とのチェックを実施する！ …………143
| ☐ 増減分析等を実施する！ …………144
| ☐ 未決済勘定に注意！ …………144
| ☐ その他の内訳に注意！ …………145

▶ 資本勘定残高のチェックポイント

| ☐ 勘定明細の計算チェックをする！ …………147
| ☐ 勘定明細と総勘定元帳の金額の一致を確かめる！ …………147

- [ ] 資本金は登記簿謄本記載の金額との一致を確かめる！ ……………147
- [ ] 資本剰余金は過去の経緯を一度は確かめる！ ………………………148
- [ ] 当期利益準備金は法定の繰入額を確かめる！ ………………………149
- [ ] 未処分利益は前期繰越利益の引継ぎをきちんと確かめる！ ………149
- [ ] その他有価証券評価差額金は税効果を考慮してあることを確かめる！ 149

▶ 売上高，売上原価，売上総利益のチェックポイント

- [ ] 勘定明細の計算チェックをする！ ……………………………………157
- [ ] 勘定明細と総勘定元帳の金額の一致を確かめる！ …………………157
- [ ] 分析を実施する！ ………………………………………………………158
- [ ] 上記の分析結果は一般常識からかけ離れていないか？ ……………169
- [ ] 押し込み販売の事実はないか？ ………………………………………172
- [ ] 粗利管理，特に逆ザヤ物件の管理は適切か？ ………………………174

▶ 販売費及び一般管理費のチェックポイント

- [ ] 勘定明細の計算チェックをする！ ……………………………………176
- [ ] 勘定明細と総勘定元帳の金額の一致を確かめる！ …………………176
- [ ] 分析を実施する！ ………………………………………………………176
- [ ] １人当たりの人件費を算定してみる！ ………………………………181
- [ ] 可能なものについてはオーバーオールテストを実施する！ ………182
- [ ] 勘定明細の「その他」に注意！ ………………………………………183

▶ 営業外損益及び特別損益のチェックポイント

- [ ] 勘定明細の計算チェックをする！ ……………………………………185
- [ ] 勘定明細と総勘定元帳の金額の一致を確かめる！ …………………185
- [ ] 基本的に証憑突合！ ……………………………………………………185
- [ ] 可能なものについてはオーバーオールテストを実施する！ ………188
- [ ] 勘定明細の「その他」に注意！ ………………………………………188

▶ キャッシュ・フロー計算書のチェックポイント

☐ 計算チェックをする！ ……………………………………194
☐ 貸借対照表と損益計算書との整合性を確かめる！ ……………194

《著者紹介》

大原　達朗（おおはら　たつあき）

〈略歴〉
1973年　東京都に生まれる。
1997年　早稲田大学教育学部卒業
1998年　公認会計士2次試験合格，青山監査法人プライスウオーターハウス（現中央青山監査法人）入所
2002年　公認会計士3次試験合格
2004年　大原公認会計士事務所設立，現在に至る。

　監査法人勤務時代には，公認会計士法の改正にともない，今後監査法人が行うことができなくなる可能性の高い財務諸表作成支援，管理・経理部門の構築・立直しアドバイス関連業務および公開準備会社監査を中心に法定監査等を担当。これらの分野に関する豊富な専門的知識，実務経験を有する。また，四半期開示体制整備の実務に精通。
　独立開業後は，株式公開支援，内部管理体制構築支援，株式公開支援などを中心とした会計コンサルティング業務に従事。

平成16年10月1日　初版発行

現役公認会計士が教える！
決算書のチェックポイント

著　者	大　原　達　朗
発行者	大　坪　嘉　春
印刷所	税経印刷株式会社
製本所	株式会社　三森製本所

発行所　東京都新宿区下落合2丁目5番13号　株式会社　税務経理協会
郵便番号 161-0033　振替 00190-2-187408　電話(03)3953-3301(編集部)
FAX(03)3565-3391　(03)3953-3325(営業部)
URL http://www.zeikei.co.jp/
乱丁・落丁の場合はお取替えいたします。

© 大原達朗 2004　　　著者との契約により検印省略

本書の内容の一部又は全部を無断で複写複製（コピー）することは，法律で認められた場合を除き，著者及び出版社の権利侵害となりますので，コピーの必要がある場合は，予め当社あて許諾を求めて下さい。

Printed in Japan

ISBN4-419-04460-8　C2034